Le Voyage de Yao

Alles Digitale zu diesem Buch kann auf der Lernplattform **allango** von Ernst Klett Sprachen abgerufen werden. So geht's:

QR-Code scannen oder **www.allango.net** aufrufen | Buchtitel oder ISBN in der Suche eingeben und auf das Buchcover klicken | Zum Inhalt navigieren, direkt abrufen oder speichern

Véronique Tadjo

Le Voyage de Yao

D'après le film *Yao* de Philippe Godeau,
écrit par Agnès de Sacy et Philippe Godeau

Bearbeitung und Worterklärungen
von Helga Zoch

Ernst Klett Sprachen
Stuttgart

Bildquellennachweis
6 © odile motelet

1. Auflage 1 9 8 7 6 5 | 2029 28 27 26 25

www.klett-sprachen.de

Redaktion: Elena Bergmann
Gestaltung und Satz: Joachim Schrimm, ETYPO, Friolzheim
Umschlaggestaltung: Andreas Drabarek
Titelbild: Rysk © Pan-Européenne - Photo : Nouma Bordj
Druck und Bindung: Plump Druck und Medien GmbH, Rheinbreitbach

Printed in Germany
ISBN 978-3-12-592156-6

PEFC
Förderung nachhaltiger Waldbewirtschaftung
PEFC/04-31-3752
www.pefc.de

Table des matières

Zu diesem Buch gibt es ergänzende **Filmsequenzen** sowie **Aktivitäten**, die auf der Lernplattform allango.net zur Verfügung stehen (siehe S.1).

Introduction

L'auteure

Née à Paris en 1955 d'un père ivoirien et d'une mère française Véronique Tadjo a passé une grande partie de son enfance à Abidjan, ancienne capitale de la Côte d'Ivoire. Elle a fait des études de littérature en France et aux États-Unis.

Dans la suite Véronique Tadjo a vécu et travaillé dans plusieurs pays africains et européens. Entre autres, elle a dirigé pendant quatorze ans le Département de Français et d'Études francophones d'une université à Johannesburg.

Dès les années 1985, date de parution de son premier recueil de poèmes en français, elle s'est fait un nom comme poète, romancière et auteure de livres pour la jeunesse qu'elle illustre souvent elle-même. En 2005, Véronique Tadjo a reçu le Grand prix littéraire de l'Afrique noire pour son roman *Reine Pokou*.

Dans ses romans, écrits en français ou en anglais, elle met souvent l'accent sur l'histoire africaine. Elle s'est aussi engagée à donner une voix à l'Afrique en dirigeant dans plusieurs pays africains des ateliers d'écriture et d'illustration qui se sont adressés avant tout aux femmes et aux jeunes.

Le scénario du film *Yao* de Philippe Godeau et d'Agnès de Sacy, est à l'origine du roman de Véronique Tadjo. Philippe Godeau a aussi réalisé le film avec l'acteur célèbre Omar Sy dans le rôle de Seydou Tall (2018).

Le roman

Yao a 12 ans et vit dans un petit village au Sénégal. Des touristes lui ont offert un livre, une autobiographie, de Seydou Tall, un acteur franco-sénégalais célèbre, qui est devenu son modèle. Quand il apprend que Seydou vient à Dakar pour présenter son livre, il se met en route tout seul pour l'y rencontrer malgré les difficultés qu'il doit surmonter.

La rencontre a vraiment lieu, et Seydou se laisse toucher par son jeune admirateur. Il commence à s'intéresser à ce garçon qui lui rappelle le petit garçon qu'il était lui-même à cet âge-là. Il finit par décider de le raccompagner dans son village.

Mais ce voyage devient une vraie aventure riche en évènements inattendus pour les deux. Cela leur permet de bien se connaître et d'apprendre beaucoup de la vie de l'autre.

Les activités

Vous trouverez un fichier PDF interactif avec les activités de compréhension sur le roman sur **allango.net**.
Vous pouvez faire **les activités** sur votre tablette, sur un ordinateur mais aussi sur papier.

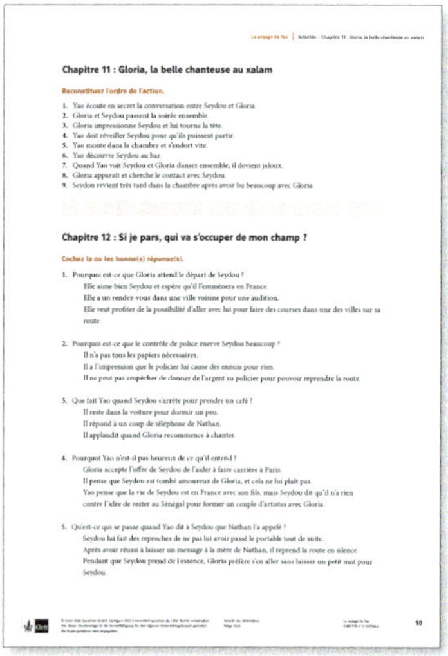

Chapitre 11 : Gloria, la belle chanteuse au xalam

Reconstituez l'ordre de l'action.

1. Yao écoute en secret la conversation entre Seydou et Gloria.
2. Gloria et Seydou passent la soirée ensemble.
3. Gloria impressionne Seydou et lui tourne la tête.
4. Yao doit réveiller Seydou pour qu'ils puissent partir.
5. Yao monte dans la chambre et s'endort vite.
6. Yao découvre Seydou au bar.
7. Quand Yao voit Seydou et Gloria danser ensemble, il devient jaloux.
8. Gloria apparaît et cherche le contact avec Seydou.
9. Seydou revient très tard dans la chambre après avoir bu beaucoup avec Gloria.

Chapitre 12 : Si je pars, qui va s'occuper de mon champ ?

Cochez la ou les bonne(s) réponse(s).

1. Pourquoi est-ce que Gloria attend le départ de Seydou ?
   - Elle aime bien Seydou et espère qu'il l'emmènera en France.
   - Elle a un rendez-vous dans une ville voisine pour une audition.
   - Elle veut profiter de la possibilité d'aller avec lui pour faire des courses dans une des villes sur sa route.
2. Pourquoi est-ce que le contrôle de police énerve Seydou beaucoup ?
   - Il n'a pas tous les papiers nécessaires.
   - Il a l'impression que le policier lui cause des ennuis pour rien.
   - Il ne peut pas empêcher de donner de l'argent au policier pour pouvoir reprendre la route.
3. Que fait Yao quand Seydou s'arrête pour prendre un café ?
   - Il reste dans la voiture pour dormir un peu.
   - Il répond à un coup de téléphone de Nathan.
   - Il applaudit quand Gloria recommence à chanter.
4. Pourquoi Yao n'est-il pas heureux de ce qu'il entend ?
   - Gloria accepte l'offre de Seydou de l'aider à faire carrière à Paris.
   - Il pense que Seydou est tombé amoureux de Gloria, et cela ne lui plaît pas.
   - Yao pense que la vie de Seydou est en France avec son fils, mais Seydou dit qu'il n'a rien contre l'idée de rester au Sénégal pour former un couple d'artistes avec Gloria.
5. Qu'est-ce qui se passe quand Yao dit à Seydou que Nathan l'a appelé ?
   - Seydou lui fait des reproches de ne pas lui avoir passé le portable tout de suite.
   - Après avoir réussi à laisser un message à la mère de Nathan, il reprend la route en silence.
   - Pendant que Seydou prend de l'essence, Gloria préfère s'en aller sans laisser un petit mot pour Seydou.

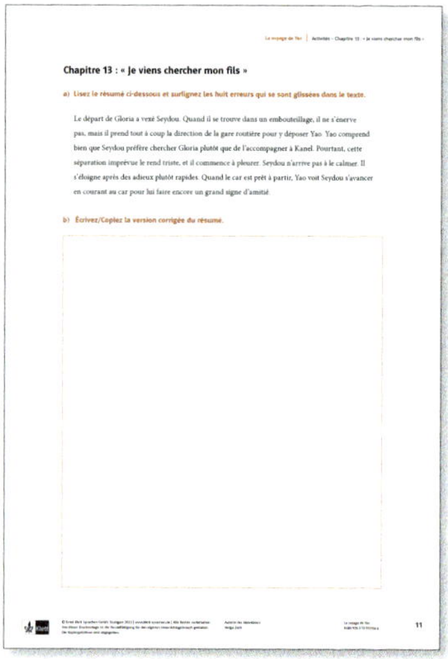

Chapitre 13 : « Je viens chercher mon fils »

a) Lisez le résumé ci-dessous et surlignez les huit erreurs qui se sont glissées dans le texte.

Le départ de Gloria a vexé Seydou. Quand il se trouve dans un embouteillage, il ne s'énerve pas, mais il prend tout à coup la direction de la gare routière pour y déposer Yao. Yao comprend bien que Seydou préfère chercher Gloria plutôt que de l'accompagner à Kanel. Pourtant, cette séparation imprévue le rend triste, et il commence à pleurer. Seydou n'arrive pas à le calmer. Il s'éloigne après des adieux plutôt rapides. Quand le car est prêt à partir, Yao voit Seydou s'avancer en courant au car pour lui faire encore un grand signe d'amitié.

b) Écrivez/Copiez la version corrigée du résumé.

Les séquences du film

Le roman que vous allez lire est écrit d'après le film *Yao* de Philippe Godeau avec Omar Sy et Lionel Louis Basse. Sur **allango.net**, vous avez la possibilité de regarder **10 séquences de ce film**.

Le symbole 🎬 indique qu'une séquence du film, qui correspond à ce passage du texte, est disponible.

1	Une chèvre mâchonne le livre
2	Le trajet en train
3	La première rencontre avec Seydou
4	Le départ en taxi
5	La fiancée du taximan; la vieille Peugeot
6	L'interrogation sous le baobab
7	Le contrôle routier
8	La première fois au bord de la mer
9	Ibra et Tanam
10	Seydou Tall à Kanel; le cadeau pour Nathan

Pour comprendre le vocabulaire

Si vous avez envie de lire un texte avec plaisir sans chercher tous les mots dans un dictionnaire, lisez bien les stratégies suivantes.

1. La famille du mot

Pour trouver le sens d'un mot, vos connaissances de la formation des mots vous servent beaucoup. Regardez les exemples. Vous connaissez le mots en gras.

faire une grosse bêtise (p. 26)	**bête** + *ise* → *nom* = action qui est peu intelligente = Dummheit
Le départ est prévu à 7 heures. (p. 35)	**voir** + pré- → préfixe qui exprime : *avant* (dt. : voraus-) = voir qc avant que cela se passe = voraussehen, im Voraus organisieren, planen
leurs cris joyeux (p. 46)	**la joie** + eux → *adjectif* = qui expriment de la joie = fröhlich, freudig
Il … hoche la tête en signe de mécontentement (p. 50)	**content** mé- → préfixe qui exprime le *contraire* + ment → nom = le fait de ne pas être content = Unzufriedenheit, Unmut

accueillir qn (p. 69)	**l'accueil** + -ir → *verbe* = jdn empfangen (double « l » à cause de la prononciation)
Je me rhabille… (p. 89)	**s'habiller** + r-/re-/ré-/ra- → préfixes qui expriment *faire qc de nouveau* = s'habiller de nouveau = sich wieder anziehen
l'attente est interminable (p. 115)	**terminer** + able → *adjectif* in-/im- → préfixe qui exprime le *contraire* = qui ne termine pas = endlos

2. Mots identiques ou très similaires en allemand ou en anglais

Activez vos connaissances d'anglais et pensez aussi à des mots allemands souvent d'origine étrangère/latine que vous connaissez.

un héros (p. 23)	engl. **hero**, dt. **heroisch** = Held
une maison en construction (p. 31)	engl. **to construct**, **construction** = im Bau begriffen
mon père semble totalement absorbé par son travail (p. 31)	dt. **absorbieren** (= aufsaugen, alles aufnehmen) = *hier:* total beansprucht von der Arbeit; versunken in seiner Arbeit

l'homme… qui s'impatiente (p. 45)	engl. **patient** ≠ **impatient** = geduldig ≠ ungeduldig frz. : **impatient** + -er → *verbe* (hier reflexiv gebraucht) = ungeduldig werden
un petit sourire victorieux (p. 96)	engl. **victory**, **victorious** (= Sieg, siegreich) = Siegerlächeln
immobile (p. 110)	dt. **mobil**, **Mobilität** (= beweglich; Beweglichkeit) + im- → contraire = unbewegt, unbeweglich, ruhig *(fig)*, regungslos *(fig)*

3. Le contexte

Quand vous rencontrez un mot inconnu/une expression inconnue dans une phrase, relisez attentivement non seulement cette phrase mais aussi deux ou trois qui la précèdent ou suivent. Imaginez-vous de quoi il s'agit dans cette situation.

… puis je les avais emmenés au marché (p. 21)	Situation : Yao zeigt Touristen einige Besonderheiten in seinem Ort. Was macht er also als *guide*? Er führt sie, nimmt sie mit zum Markt. **emmener qn** = jdn mitnehmen

Elle nous fait des tas de reproches (= Vorwürfe) d'une voix sévère. (p. 26)	Oumy ist mit dem, was die beiden Jungen vorhaben, nicht einverstanden, daher ihre Vorwürfe. Die Stimme ist in einem solchen Fall sicherlich eher streng, hart, autoritär. **sévère** = streng
Il est très vieux, monsieur, insiste Demba. (p. 28)	Situation: Demba versucht, einem Touristen eine Maske zu verkaufen. Der Tourist ist skeptisch, findet den Preis zu hoch. Aber Demba will die Maske unbedingt verkaufen, um das Geld zu bekommen. Er findet also weitere Argumente, er lässt nicht locker. **insister** = mit Nachdruck wiederholen; auf etwas beharren; es noch einmal versuchen
La maîtresse se retourne pour interroger (= poser une question à) un élève (p. 30)	Situation : Yao und Oumy unterhalten sich leise, während die Lehrerin etwas an die Tafel schreibt. Dann stellt die Lehrerin einem Schüler eine Frage. Dafür muss sie ihn anschauen und sich umdrehen. **se retourner** = sich umdrehen

Tous les bancs sont occupés et des gens sont assis par terre parmi leurs bagages (p. 39)	Situation: volle Bahnsteige, alle Bänke besetzt. Wo können sich die Menschen hinsetzen? Es bleibt nur der Boden. **par terre** = auf dem Boden
Après cet incident, je passe tout mon temps à regarder le paysage par la fenêtre. (p. 40)	Situation: Yao wäre fast beim Schwarzfahren erwischt worden. **Incident** wird dafür verwendet = Vorfall, Zwischenfall, Ereignis.

Remarque : Servez-vous toujours de toutes vos connaissances pour combiner le sens des mots inconnus. Les mots que vous pouvez ainsi comprendre sont aussi utilisés dans les notes en bas de la page.

Le gérondif

In dem Roman kommt eine Verbform vor, die im Untericht wahrscheinlich noch nicht behandelt wurde: **das Gerundium** (*le gérondif*), eine Verbform, die es im Deutschen nicht gibt. Damit ihr sie im Text erkennt und versteht, findet ihr hier eine kurze Einführung.

Bildung des gérondif

Abgeleitet wird das *gérondif* von der ersten Person Plural Präsens. Die Endung *-ons* wird durch ***-ant*** ersetzt, vor diese Form setzt man noch die Präposition ***en***.

Beispiele:

demander	**finir**	**attendre**
nous demand-ons	nous finiss-ons	nous attend-ons
en demand-**ant**	**en** finiss-**ant**	**en** attend-**ant**

Diese Regel gilt auch für unregelmäßige Verben. Es gibt nur drei Ausnahmen:

être : en **ét**ant
avoir : en **ay**ant
savoir : en **sach**ant

Das *gérondif* ist unveränderlich.

Gebrauch des *gérondif*

1. Temporal: Gleichzeitigkeit

*Je m'avance **en espérant** que Demba est au rendez-vous.* (p. 35)
= Je m'avance et espère que Dembar est au rendez-vous.
= Ich gehe ein paar Schritte weiter **und** hoffe (**dabei/gleichzeitig**), dass Demba am Treffpunkt ist.

*Tu pourras te promener dans le jardin **en m'attendant**.* (p. 51)
= Tu pourras te promener dans le jardin **pendant que** tu m'attends.
= Du kannst im Garten spazieren gehen, **während** du auf mich wartest.

→ Das *gérondif* drückt aus, dass zwei Ereignisse gleichzeitig ablaufen. Im Deutschen wird das durch die Konjunktion „und" wiedergegeben, wobei durch die Zufügung eines Wortes wie „dabei" die Gleichzeitigkeit verstärkt wird. Als Übersetzung ist auch „während" möglich.

*Elle pousse un cri étouffé **en** le (= le livre) **voyant** dans cet état.* (p. 30)
= Elle pousse un cri étouffé **quand** elle le voit dans cet état.
= Sie stößt einen unterdrückten Schrei aus, **als** sie es in diesem Zustand sieht.

*J'ai un peu honte **en pensant** à tout l'argent que j'ai gaspillé.* (p. 40)
= J'ai un peu honte **quand** je pense à tout l'argent que j'ai gaspillé.
= Ich schäme mich etwas, **wenn** ich an das ganze Geld denke, das ich verschwendet habe.

Je dois faire très attention ***en traversant*** *les rues.* (p. 42)
= Je dois faire très attention quand je traverse les rues.
= Ich muss **beim Überqueren** der Straßen sehr aufpassen.

→ Auch hier wird die **Gleichzeitigkeit** betont durch „als" oder „in dem Augenblick, als/wenn". Die Übersetzung mit einer Wendung „bei" plus Substantiv ist manchmal ebenfalls möglich.

2. Modal : Mittel / Art und Weise

Oumy nous apporte l'argent qu'elle a gagné ***en vendant*** *ses jus.* (p. 28)

! = Oumy a vendu ses jus **et comme cela** elle a gagné de l'argent qu'elle nous apporte.
= Oumy bringt uns das Geld, das sie verdient hat, **indem** sie ihre Säfte verkauft hat.

→ Hier gibt das *gérondif* Antwort auf die Frage, wie/auf welche Weise etwas geschieht/geschehen ist. Im Deutschen kann das manchmal mit dem Partizip Präsenz übersetzt werden. Sehr häufig wird der durch das *gérondif* verkürzte Satz mit „indem" wiedergegeben.

Achtung: Wenn ihr einen deutschen Satz mit „indem" ins Französische übersetzen wollt, ist das nur mit dem *gérondif* möglich, denn für „indem" gibt es keine entsprechende französische Konjunktion. Es ist nur eine umschreibende Konstruktion (s. Beispielsätze oben) denkbar.

Zusammenfassende Bemerkungen:

- Das *gérondif* dient zur Verkürzung von Nebensätzen.
- Es kann nur dann verwendet werden, wenn das Subjekt in Haupt- und Nebensatz dasselbe ist oder zumindest gemeint ist.

Si tu veux aller dans les étoiles, regarde les arbres.
Agnès de Sacy

Prélude

On me demande souvent comment moi, le fils d'un tailleur du nord du Sénégal, je suis devenu écrivain. Eh bien voici : comme dans beaucoup d'histoires, tout a commencé par une rencontre. Par une rencontre, et par un livre.

J'avais douze ans. Un jour, un couple de voyageurs s'était arrêté à Kanel. Ils se promenaient et prenaient des photos. J'avais couru vers eux et m'étais proposé pour être leur guide. Notre première étape avait été le quartier des potières ; ils avaient adoré les regarder travailler la terre et avaient acheté un pot. Je leur avais aussi montré notre petite mosquée aux murs blancs, vieille de plus de cent ans, puis je les avais emmenés au marché où ils avaient acheté des mangues et des arachides. Pour terminer, je les avais invités dans l'atelier de mon père qui leur avait appris beaucoup de choses sur Kanel pendant que ma mère leur servait du jus de gingembre. Le monsieur avait offert un beau pagne à sa femme et tout le monde l'avait complimentée quand elle l'avait essayé. Ensuite, je les avais raccompagnés jusqu'à leur voiture. Je ne voulais plus les laisser partir ; je leur ai posé des questions sur leur pays, sur leur métier…

Avant de nous quitter, la dame avait pris un livre sur la banquette arrière et me l'avait offert.

– Tu verras, Yao, m'avait-elle dit, je suis sûre que ça te plaira. Tu me fais beaucoup penser à l'auteur et au petit garçon qu'il a été.

J'aimais beaucoup les livres et je passais mon temps le plus souvent dans la petite bibliothèque du village à lire et à relire mes

---

1 **un tailleur** homme qui fait des vêtements – 2 **un écrivain** personne qui écrit par exemple des romans – 8 **une potière** Töpferin – 9 **la terre** Ton, Lehm – 9 **un pot** Gefäß (z. B. Krug, Becher) – 11 **emmener qn** aller avec qn d'un lieu à un autre – 12 **une arachide** Erdnuss – 14 **le gingembre** Ingwer – 15 **un pagne** *ein Stück Stoff, das um die Taille geschlungen wird und wie ein Rock wirkt* – 21 **arrière** qui est derrière

ouvrages préférés. Surtout les BD. Mais ce livre-là était plus gros que ceux que j'avais l'habitude de lire. Et il n'avait pas d'images.

Pourtant, son titre m'intriguait. *Fils de Tailleur.* La dame avait sûrement raison : ce livre était fait pour moi.

Quand je le lui avais montré, mon copain Demba avait tout de suite reconnu le visage de la photographie qui se trouvait au dos.

– Comment ? Tu ne le reconnais pas ? Il joue dans plein de films. Je l'ai même vu à la télévision. Intrigué, j'avais donc commencé à lire.

Ce n'était pas vraiment une histoire. Ou plutôt si, mais c'était une histoire vraie : celle de son auteur, Seydou Tall. Il y racontait son enfance dans la banlieue parisienne, à Trappes, au milieu d'une famille d'immigrés sénégalais. Et comment lui, simple fils de tailleur, était parti pour Paris où il était devenu un acteur célèbre.

Le récit de sa vie m'avait tellement plu que je l'avais lu de la première à la dernière page. J'étais fasciné, parce que Seydou Tall, quand il était enfant, me ressemblait beaucoup : curieux, gourmand, aventurier. Il voulait voyager, rencontrer des gens et découvrir le monde.

Exactement comme moi ! Je n'étais pas malheureux dans mon village avec ma famille et mes amis, au contraire. Mais je me sentais… comment dire ? à l'étroit. Je voulais apprendre des choses nouvelles – pas seulement celles dont on nous parlait à l'école. Comme Seydou Tall, j'avais plein de rêves dans la tête et je passais mon temps à me raconter des histoires ; je m'imaginais explorateur,

---

1 **un ouvrage** livre – 2 **celui/celle/ceux/celles** (+ de/que/dont) der-/diejenige/n (+ von/ der/ die) – 3 **intriguer qn** rendre qn curieux – 6 **un visage** partie de la tête où se trouvent les yeux – 6 **le dos** *ici :* une partie de la couverture – 7 **plein** *fam* beaucoup – 12 **Trappes** *petite ville de 32 000 habitants dont un grand nombre d'origine musulmane* – 16 **un récit** histoire – 16 **plu, plue** → *part. passé du verbe* plaire – 19 **gourmand, gourmande** *ici :* qui veut connaître beaucoup de choses – 23 **se sentir à l'étroit** sich eingeengt fühlen – 26 **un explorateur** personne qui fait des grands voyages pour découvrir des choses

savant, astronaute… Mon père qui me voyait tout le temps la tête ailleurs n'arrêtait pas de me reprendre :

– Yao ! Hé, Yao ! Redescends sur terre…

Après avoir terminé ma lecture, j'avais prêté le livre à Demba et à Oumy, ma petite copine. Oumy était très bonne en récitation et avait toujours un gros livre dans son sac ; Demba, lui, adorait jouer dans les pièces de théâtre au programme et rêvait de devenir acteur. Ils l'avaient lu et Seydou Tall était devenu pour nous trois un modèle, une sorte de héros.

On avait vu un de ses films sur la télé de l'oncle Boubacar et on avait applaudi à chacune de ses apparitions.

À partir de ce moment-là, quand on s'apprêtait à faire quelque chose d'interdit et que l'un d'entre nous hésitait, les autres lui disaient :

– Tu crois que la peur d'être puni aurait arrêté Seydou Tall ?

Nous ne faisions plus rien sans nous demander comment il aurait agi.

Et puis un jour, Demba était arrivé à l'école en criant, un journal à la main :

– Vous avez vu ? Dans le journal… Seydou Tall vient chez nous ! Écoutez : « Seydou Tall à Dakar. Pour la première fois, le grand acteur franco-sénégalais se rendra à Dakar où il présentera son livre, *Fils de Tailleur*. Ce sera pour lui l'occasion d'un premier voyage sur la terre de ses ancêtres… »

---

1 **un savant** qn qui sait beaucoup de choses et qui fait des recherches – 2 **ailleurs** ≠ ici – 2 **reprendre qn** jdn tadeln – 3 **la terre** endroit où l'on vit; *ici :* le monde réel, la réalité – 4 **prêter qc à qn** donner qc à qn pour un certain temps – 5 **une récitation** action de dire mot pour mot un texte qu'on a appris – 7 **un programme** *ici :* ce qu'il faut apprendre à l'école – 11 **une apparition** moment de se montrer au cours du film – 12 **s'apprêter à faire qc** être prêt à faire qc; vouloir faire qc – 15 **punir qn** jdn bestrafen – 22 **se rendre à** aller à un certain lieu – 23 **une occasion** Gelegenheit – 24 **les ancêtres** *mpl* hommes et femmes qui ont vécu longtemps avant nous

Dakar ? C'était à des centaines de kilomètres de notre village, mais c'était chez nous, au Sénégal ! Nous ne pouvions laisser passer cette chance de rencontrer notre héros.

– C'est quand ? avait demandé Oumy.

– Dans une semaine, avait répondu Demba.

– Ça nous laisse peu de temps pour nous préparer…

Comment aller jusqu'à Dakar ? Comment trouver l'argent nécessaire ? Comment faire pour que nos parents ne nous empêchent pas d'y aller ? On verrait ça plus tard…

– On pourrait lui demander de signer notre livre ! m'étais-je exclamé.

– On pourrait lui demander des conseils pour devenir acteur, avait ajouté Demba.

– On pourrait lui faire un cadeau pour qu'il se souvienne de nous, avait proposé Oumy.

Je crois que nous n'avions jamais été aussi excités !

Nous allions à Dakar pour rencontrer Seydou Tall !

Des années plus tard, je me souviens encore de ce moment comme si c'était hier. J'allais me mettre en route pour mon premier voyage. Et c'est cette aventure que je vais vous raconter maintenant…

---

8 **pour que** *conj* (+ *subj*) damit – 9 **empêcher qn de faire qc** ne pas permettre à qn de faire qc – 11 **s'exclamer** s'écrier – 12 **un conseil** avis qui pourrait aider qn à prendre une décision

1 Kanel, mon petit village au nord du Sénégal

Depuis que nous avons pris la décision d'aller à la rencontre de Seydou Tall à Dakar, la capitale, il nous faut trouver assez d'argent pour payer le voyage. En secret, car nos parents ne nous permettront jamais de partir seuls aussi loin. Oumy a finalement changé d'avis, elle ne partira pas avec nous. Mais elle nous aide à tout organiser.

Dans la cabane qui nous sert de quartier général, Demba compte les pièces de monnaie que nous avons gagnées. Les beignets d'Oumy sont délicieux et se vendent bien, mais on est loin du compte. À ce rythme-là, nous n'y arriverons jamais.

Je fais remarquer à Demba que le prix proposé par son cousin est trop élevé. 15 000 francs CFA pour voyager avec les marchandises à l'arrière d'un camion, c'est exagéré. Il me répond que son cousin ne peut pas faire mieux car nous aider représente un gros risque pour lui ; si son patron se rend compte qu'il a fait monter deux passagers clandestins dans son véhicule, il perdra son travail.

Nous comptons encore une fois notre butin, comme si, par quelque miracle, le nombre des pièces avait augmenté en cinq minutes.

– Ça fait 4 000 CFA, confirme Demba.

– Tu es sûr ?

---

7 **une cabane** petite maison primitive en bois – 7 **un quartier général** *ici :* lieu secret où l'on se rencontre – 8 **une pièce de monnaie** argent en métal – 9 **un beignet** Krapfen – 10 **être loin du compte** être loin d'avoir l'argent nécessaire – 12 **un franc CFA** (= Communauté financière africaine) *l'argent utilisé dans plusieurs Etats de l'Afrique de l'Ouest; 1000 CFA ≙ 1,52 € (Septembre 2021)* – 13 **une marchandise** produit qui se vend et s'achète – 13 **l'arrière** *f* partie qui est derrière – 13 **un camion** Lastwagen – 15 **un patron** chef – 15 **se rendre compte de qc** découvrir qc ; remarquer qc ; comprendre qc – 16 **un passager clandestin** personne qui se fait transporter sans avoir payé le voyage – 18 **un butin** Ausbeute – 21 **confirmer qc** dire que qc est correct

– Oui, Yao, j'ai bien compté.

– Et si on vendait des masques ? propose soudain Demba, tout content de son idée. Il y a beaucoup de touristes dans la région et tout le monde sait qu'ils aiment l'art africain.

– Très bonne idée, dis-je avec enthousiasme.

Mon oncle Karim est sculpteur. Je vais lui demander de nous donner des masques dont il ne veut plus parce qu'ils ont des défauts. On les frottera avec du cirage noir et de la terre ; les touristes croiront qu'ils sont très vieux !

– Vous êtes sûrs que c'est une bonne idée ? demande Oumy, pas du tout contente. Ce n'est pas très gentil de tromper les gens. Rappelle-toi, Yao : ce sont des touristes qui t'ont offert le livre de Seydou Tall.

Je lui répond que, grâce aux prochains touristes, nous allons pouvoir rencontrer Seydou Tall, mais Oumy n'est toujours pas d'accord. Je lui demande de ne pas se fâcher et la rassure :

– Nous nous arrêterons dès que nous aurons assez d'argent.

Le lendemain, après l'école, nous sommes de retour dans notre cabane. Ici, personne ne vient nous embêter, et il y fait frais.

Oumy me regarde comme si elle voulait dire que nous sommes en train de faire une grosse bêtise et que nous allons nous attirer des ennuis. Ce projet d'aller à Dakar ne lui plaît pas, en vérité. Elle aimerait, elle aussi, rencontrer Seydou Tall ; mais à son avis, on ne peut pas toujours avoir ce qu'on veut. Elle nous fait des tas de reproches d'une voix sévère, mais ce n'est pas du tout son genre.

---

8 **avoir un défaut** ne pas être parfait – 8 **frotter qc** etw. einreiben, bearbeiten – 8 **un cirage** produit pour faire briller par ex. des chaussures – 16 **se fâcher** se mettre en colère – 17 **dès que** sobald – 19 **embêter qn** *fam* énerver qn – 20 **frais, fraîche** ≠ assez chaud – 23 **s'attirer des ennuis** avoir bientôt des problèmes – 26 **un tas de** *fam* beaucoup – 26 **un reproche** Vorwurf – 27 **le genre** Art

Oumy est la fille la plus douce et gentille que je connaisse. À l'école, nous sommes assis sur le même banc, et nous passons notre temps à nous échanger des petits mots.

J'ai récupéré un masque chez mon oncle, mais cela n'a pas été facile. J'ai dû rester chez lui pendant plus d'une heure car il a absolument voulu m'expliquer son métier, qu'il avait appris auprès d'un grand sculpteur du village. Comme d'habitude, il s'est adressé à moi en wolof. C'est un principe, chez lui, car il pense qu'avec l'école moderne en français, les jeunes ne parlent plus bien notre langue. Finalement, il a accepté de me donner un masque pour touristes dont un bout était cassé.

Après avoir bien *travaillé* notre masque pour qu'il ait l'air d'une antiquité, Demba et moi allons chez les vendeuses de fruits installées sous un grand arbre dont le tronc est peint en bleu. Lorsqu'un 4 × 4 s'arrête à notre hauteur, les vendeuses se lèvent et courent vers le véhicule, leurs sachets de mandarines à la main. Mon ami se faufile parmi elles, le masque à la main. Il l'avait enveloppé dans un morceau de tissu pour donner l'impression qu'il est très précieux. Il déplie le tissu et crie :

– Monsieur ! Monsieur ! J'ai quelque chose pour toi. Un beau masque dogon ! Regarde, c'est un vrai Kanaga. Authentique !

– Combien tu le vends ? demande le touriste par curiosité.

– 20 000 francs CFA, monsieur.

---

1 **doux, douce** sanft(mütig) – 4 **récupérer qc** *ici :* sich etw. beschaffen – 8 **le wolof** *une langue qu'on parle au Sénégal et en Maurétanie* – 11 **un bout** *ici :* une petite partie – 11 **cassé, e** kaputt – 14 **un tronc** Stamm – 14 **peint** *part. passé de* **peindre qc** etw. anstreichen – 15 **un 4 x 4** (= un quatre-quatre) voiture qui peut rouler même là où il n'y a pas de routes – 16 **un sachet** Tüte, Beutel – 17 **se faufiler parmi** sich mischen unter – 18 **envelopper qc** mettre qc autour d'un objet pour ne pas le casser ou pour le cacher – 18 **un morceau de tissu** *m* ein Stück Stoff – 19 **précieux, précieuse** wertvoll – 19 **déplier qc** etw. auseinanderschlagen – 21 **dogon** *von der afrikanischen Volksgruppe der Dogon, die im Osten von Mali lebt* – 21 **un Kanaga** *eine besondere Form der Dogon Masken, die vor allem bei Totenritualen getragen wird; der obere Teil der Maske repräsentiert einen Vogel* – 22 **la curiosité** → curieux

– C'est cher, mon petit…

– Il est très vieux, monsieur, insiste Demba. Regardez, c'est l'oiseau Kanaga. Ici, vous voyez, y a les ailes…

L'homme prend l'objet, le retourne, l'observe avec beaucoup d'attention et finit par se décider.

– Tiens, voilà 10 000 francs et je suis sympa ! dit-il finalement en tendant plusieurs billets de banque.

Demba me rejoint vite et nous détalons avec notre butin. À l'abri des regards, nous faisons la fête dans notre cabane. Nous avons pratiquement l'argent nécessaire pour notre voyage! Je m'exclame :

– Il ne manque que 1 000 francs. C'est super !

– Ok, cette fois, je vais vendre des jus de fruits, déclare Oumy. Ça ira vite.

– Et pour le retour, on fera comment ? demande Demba, soudain inquiet.

Je lui avoue que je n'y ai pas pensé, mais qu'on se débrouillera. Comme il ne semble pas convaincu, je lui donne une petite tape sur l'épaule et lui demande :

– On est ensemble, non ?

Il répond avec force :

– Oui, on est ensemble !

Deux jours après, juste avant l'école, nous nous retrouvons sous le grand fromager. Oumy nous apporte l'argent qu'elle a gagné en vendant ses jus : un peu plus de 1 000 francs CFA. Le compte y est ! Tout heureux, nous nous installons entre les racines du grand arbre et lisons, l'un après l'autre, nos passages préférés du livre de Seydou Tall.

---

3 **une aile** Flügel – 4 **observer qc** regarder qc avec attention – 7 **tendre qc** donner qc – 7 **un billet de banque** argent en papier – 8 **rejoindre qn** aller/venir retrouver qn – 8 **détaler** *fam* quitter les lieux rapidement – 8 **à l'abri des regards** sûr de ne pas être vu – 16 **avouer qc** etw. zugeben, eingestehen – 17 **sembler** avoir l'air – 17 **une tape** coup – 23 **un fromager** Kapokbaum *(Kapok = daunenartiger Füllstoff für Polster, Matrazen usw.)* – 25 **une racine** Wurzel

Mais tout à coup, Demba se met à siffler pour avertir d'un danger. Sur le chemin, le Vieux Tambadou, la terreur des enfants, vient d'apparaître en gesticulant.

– Allez ! Allez ! Qu'est-ce que vous faites ici, petits vauriens ? crie-t-il en wolof. C'est l'heure de l'école !

Le Vieux Tambadou est connu pour son mauvais caractère. On le voit souvent chasser les paresseux qui font la sieste sous les arbres ou les voleurs de mangues. Nous détalons vite en riant.

Comme nous tournons au coin de la rue, je réalise que j'ai oublié le livre de Seydou Tall sous l'arbre! Il faut le récupérer tout de suite ! Nous regardons à droite et à gauche. Ouf ! Le Vieux Tambadou n'est plus là. Nous prenons notre courage à deux mains et nous retournons. Mais là, horreur ! une chèvre est en train de mâchonner tranquillement notre livre.

Je me précipite et tire sur la couverture ; cette horrible bête ne veut pas lâcher. Demba l'empoigne alors par la queue et la secoue. La chèvre, mécontente, me donne des coups de tête, mais mon ami continue à secouer et, brusquement, elle ouvre la gueule et lâche le livre. Puis, elle détale en bêlant de colère.

Nous observons les dégâts. La couverture et les premières pages sont complètement déchiquetées. Je récupère les morceaux de papier et les met dans mon sac. Puis, à grands pas, nous reprenons le chemin de l'école. Les bruits de la rue nous accompagnent : klaxons de motos, cris, aboiements, meuglements des vaches…

---

1 siffler pfeifen – 1 avertir de qc informer de qc; attirer l'attention sur qc – 3 apparaître se montrer tout à coup – 4 un vaurien enfant peu discipliné qui fait des bêtises – 7 chasser qn faire partir qn de force – 7 un paresseux personne qui n'aime pas travailler – 13 une chèvre Ziege – 14 mâchonner qc etw. (zer-)kauen – 14 tranquillement *adv* sans s'inquiéter – 15 se précipiter avancer rapidement – 15 tirer ziehen – 16 lâcher laisser tomber – 16 empoigner par qc prendre qc avec force – 18 secouer qc etw. schütteln – 18 une gueule Maul – 19 bêler meckern – 20 les dégâts *mpl* ce qui a été ruiné – 21 déchiqueté, déchiquetée zerfetzt – 24 le klaxon Hupen – 24 une moto (*abrév.* = motocyclette) Motorrad – 24 un aboiement cri du chien – 24 le meuglement cri de la vache

Les ateliers d'artisans et les boutiques viennent d'ouvrir et les vendeuses de pain commencent leur journée.

Bientôt, nous entrons dans la cour de l'école et vont dans les différentes classes où nous prenons vite place.

Quand Oumy s'assied à côté de moi, je lui passe le livre déchiqueté. Elle pousse un cri étouffé en le voyant dans cet état. Tandis que la maîtresse écrit au tableau, nous discutons à voix basse.

– Comment tu vas faire ? me demande Oumy.

– Ne t'en fais pas, on va le réparer, lui dis-je pour la rassurer.

– Est-ce qu'il manque des pages ?

– Quelques-unes, mais pas trop. Tu nous aides à le réparer ?

– Oui, bien sûr.

– Après l'école, dans la cabane. Tu viens ?

La maîtresse se retourne pour interroger un élève et nous baissons la tête sur nos cahiers. Les heures de cours passent lentement. Je pense tout le temps au livre de Seydou Tall dans mon sac et je n'arrive pas à me concentrer. Si on n'arrivait pas à le réparer, pourrais-je encore le faire dédicacer ?

Dès que la cloche sonne, nous nous précipitons dans notre cabane. Je sors le livre et nous l'observons en réfléchissant. Oumy, la première, prend la parole. Elle propose qu'on crée une nouvelle couverture.

– Avec quoi ? demande Demba.

– Du papier dur, comme celui des sacs de ciment ou des boîtes en carton.

---

1 **un artisan** personne qui travaille avec les mains – 6 **étouffé, e** qu'on n'entend presque pas – 6 **un état** Zustand – 7 **tandis que** pendant que – 7 **une maîtresse** femme qui donne des cours à l'école – 10 **ne t'en fais pas** ne t'inquiète pas – 15 **interroger qn** poser des questions à qn – 16 **baisser** → bas, se – 19 **dédicacer un livre** ein Buch mit einer Widmung versehen – 20 **une cloche** Glocke – 22 **prendre la parole** commencer à parler – 25 **une boîte** objet pour transporter qc ou pour envoyer qc par la poste

Du coup, avant que la journée ne se termine, nous allons sur le chantier d'une maison en construction et découpons plusieurs grands rectangles dans un sac de ciment à moitié vide. Pendant que je vais chercher du fil et une aiguille dans l'atelier de mon père, SAMBACOUTUR. *La révélation des Dames*, les autres m'attendent dans la cabane.

Je trouve papa penché sur sa machine à coudre. Sur une table derrière lui se trouve une montagne de tissus multicolores. Sur les murs bleu pâle sont suspendus des cintres avec des corsages et des boubous qui ont besoin de retouches. Une petite radio diffuse de la musique et mon père semble totalement absorbé par son travail. J'en profite pour prendre une bobine de fil rouge et une aiguille.

Au moment où je m'apprête à sortir, pourtant, il me demande où je vais. Je prends mon air le plus innocent et lui réponds que j'étais juste venu faire un tour. Mais il semble surpris par mon intérêt soudain pour son atelier. Il se plaint toujours que je ne suis jamais là pour l'aider à faire ses livraisons. C'est vrai que j'ai rarement envie de traverser tout le village pour aller chez ses clientes. Elles me retiennent toujours pendant qu'elles essaient leurs vêtements et font des tas de commentaires que j'oublie tout de suite. Ou alors, elles sont tellement contentes qu'elles invitent tout le voisinage à venir donner son avis sur leur nouveaux vêtements et je suis obligé d'assister au défilé.

---

1 **du coup** c'est pourquoi; pour cela – 1 **avant que** *conj* (+ subj.) bevor – 3 **un rectangle** Rechteck – 4 **un fil** Faden – 4 **une aiguille** Nadel – 5 **une révélation** une découverte qui plaît beaucoup – 7 **(être) penché sur qc** über etwas gebeugt (sein) – 7 **une machine à coudre** machine dont on a besoin pour faire par ex. des vêtements – 9 **suspendre qc** etw. aufhängen – 9 **un cintre** Bügel – 9 **un corsage** vêtement de femme comme une chemise – 10 **un boubou** *sorte de robe longue et très large (= weit) qu'on porte en Afrique noire* – 10 **une retouche** petit changement ou petite correction pour qu'un vêtement aille mieux à qn – 12 **une bobine** Rolle, Spule – 16 **se plaindre de qc** faire voir qu'on n'est pas content – 17 **une livraison** action d'apporter une marchandise au client – 23 **être obligé, obligée de faire qc** devoir faire qc – 23 **un défilé** *ici :* présentation

Malheureusement, aujourd'hui, je n'arrive pas à l'éviter. Papa insiste pour que j'apporte un paquet à Mme Diallo, qui habite près du grand marché. J'essaie de refuser en prétextant que je suis occupé, mais il répond avec autorité :

– Occupé à quoi faire ? Ne discute pas, vas-y tout de suite !

Heureusement, la cliente est absente. Je dépose le paquet sur son palier avant de retourner à la cabane où mes amis m'attendent avec impatience. Hors d'haleine, je brandis le fil rouge et l'aiguille et nous nous mettons au travail. Pour recréer la page de titre disparue, j'écris aussi bien que possible à la main sur une feuille blanche. Puis Demba aide Oumy à coudre la nouvelle couverture. On a retrouvé une partie de l'originale et nous la collons dessus.

– Vous avez de la chance d'aller à Dakar, se plaint Oumy, soudain envieuse. Moi aussi, j'aurais bien voulu voir Seydou Tall.

– Tu sais bien que ce n'est pas possible, tu as dit toi-même que tes parents deviendraient complètement fous !

– N'empêche que c'est vraiment dommage…

– Ne t'en fais pas, Oumy, on lui demandera un autographe et il écrira quelque chose spécialement pour toi.

– Vraiment, Yao ? Vous allez faire ça pour moi ?

– Absolument. Et je voulais te dire qu'on s'en va demain matin. Tout est arrangé.

– Et l'école ? demande-t-elle, visiblement inquiète.

– On s'en fiche de l'école ! lance Demba. On va voir Seydou Tall, tu comprends ? C'est ça l'important. Il va nous expliquer comment on fait pour être acteur.

---

3 **prétexter qc** dire qc qui sert d'excuse – 6 **déposer qc** poser, mettre qc à un endroit – 7 **un palier** Treppenabsatz – 8 **hors d'haleine** außer Atem – 8 **brandir qc** *ici :* tenir qc en l'air pour le montrer triomphalement – 10 **une feuille** morceau de papier; page – 12 **coller** kleben – 14 **envieux, envieuse** jaloux – 17 **n'empêche que** pourtant – 18 **un autographe** signature – 23 **visiblement** *adv* sichtlich – 24 **se ficher de qc** *fam* ne pas donner d'importance à qc/ne pas trouver qc important – 24 **lancer qc** *ici : fig* dire qc avec force

– Et toi, Yao, ça te fait rien de manquer l'école ?

– C'est un peu embêtant, mais ça vaut le coup. Moi, je veux juste rencontrer Seydou Tall. Et lui demander de dédicacer mon livre.

– Euh… ce truc-là ? Tu crois qu'il va le signer ? demande Oumy en regardant l'ouvrage qui ne ressemble plus à rien.

– Je pense que oui, lui dis-je avec optimisme après un moment d'hésitation devant le résultat de nos efforts. Il ne pourra pas nous refuser ça !

À la maison, à l'heure du coucher, je suis tellement excité que je n'arrive pas à dormir. Dans mon sac à dos, j'ai mis une bouteille d'eau, quelques fruits et un peu de pain dans un sachet plastique ; et le précieux livre, enveloppé séparément. J'ai préparé aussi mon T-shirt préféré et mon jean que je porterai lorsque je me serai débarrassé de mon uniforme. Toutes sortes de pensées tourbillonnent dans ma tête. Je me demande ce que diront mes parents quand ils se rendront compte que je me suis sauvé. Papa va être furieux ! Je l'entends ronfler dans l'autre chambre, au bout du corridor. Mon petit frère pleure dans le lit, serré contre maman. Ma sœur Mariette, qui a six ans, dort à côté de moi. S'ils savaient ce que je m'apprêtais à faire, ils m'enfermeraient dans la maison !

Enfin le jour se lève. Mais, hélas ! je dois encore attendre que maman se lève pour préparer le petit déjeuner. Je ne veux pas attirer l'attention en me comportant d'une façon anormale.

---

1 manquer l'école ne pas aller en classe pour une raison ou une autre – 2 valoir le coup es wert sein – 7 un effort Bemühung – 12 séparément *adv* ≠ ensemble – 14 se débarrasser de qc *ici :* ne plus porter qc – 15 tourbillonner dans la tête durch den Kopf schwirren – 16 se sauver *fam* partir sans en avoir informé personne – 17 ronfler faire un son quand on dort – 17 au bout de qc am Ende von etwas – 18 serré, serrée contre qn très près de qn – 20 enfermer qn ne pas laisser sortir qn – 21 hélas *interj* malheureusement – 23 se comporter agir d'une certaine façon – 23 d'une façon anormale pas comme d'habitude

Au premier bruit dans la maison, malgré la fatigue de ma nuit blanche, je me lève plein d'énergie et met mon uniforme.

En mangeant la bouillie de mil au miel que maman a préparée avec amour pour le petit déjeuner, je n'ose croiser son regard. D'habitude, le matin, on bavarde gaiement ; aujourd'hui, pour ne pas montrer mon excitation, je me plonge dans un livre en prétextant que je n'ai pas fini une lecture.

Ma sœur ne s'est pas encore levée. Papa est déjà dans son atelier ; j'entends le bruit de sa machine à coudre. À vrai dire, j'ai un peu peur. S'il nous arrive quelque chose à Demba et à moi, nos parents ne pourront pas nous venir en aide. Je suis pris par le doute, soudain, mais il est trop tard pour reculer : Demba serait tellement déçu de rater Seydou Tall ! Et moi aussi.

Au moment de partir pour l'école, Mariette me rejoint. Elle n'est pas encore bien réveillée. Je l'avais oubliée ! Il faut absolument que je me débarrasse d'elle ! Je lui fais croire qu'elle a une tache sur sa blouse toute propre, au milieu du dos, et qu'elle devrait aller se changer. Elle rentre à toute vitesse dans la maison à la recherche d'un miroir. J'en profite pour me sauver.

---

1 **malgré** trotz – 2 **une nuit blanche** nuit qu'on passe sans dormir – 3 **une bouillie de mil** Hirsebrei – 3 **le miel** Honig – 4 **croiser qc** rencontrer qc – 5 **bavarder** parler de beaucoup de choses – 5 **gaiement** *adv* ≠ tristement – 6 **se plonger dans qc** faire qc avec beaucoup de concentration – 9 **à vrai dire** j'avoue que… – 11 **être pris par le doute** ne plus savoir si on a bien décidé – 12 **reculer** ≠ avancer – 13 **déçu, déçue** enttäuscht – 13 **rater qn** *fam* verpassen – 16 **se débarrasser de qn** faire qc pour que qn nous quitte – 16 **une tache** Fleck – 17 **une blouse** long vêtement qu'on porte à l'école ou au travail – 17 **propre** bien lavé et sans tache – 19 **un miroir** objet qui permet de se voir

2 Le grand départ

Le cœur battant, je cours dans la rue principale, prends plusieurs raccourcis et tombe enfin sur la gare routière déjà très animée. Les bus, les cars rapides et les taxis-brousse attendent leurs clients ; le bruit des moteurs fait mal aux oreilles. Les cris des apprentis chauffeurs qui annoncent leur destination s'y ajoutent. Je me sens perdu.

Enfin je remarque plusieurs camions sur un parking en terre battue tout proche. Des gens sont occupés à y mettre des grands sacs. Je m'avance en espérant que Demba est au rendez-vous, comme convenu. Mais j'observe la foule sans le trouver.

Tout à coup, un apprenti s'approche de moi, l'air pressé. C'est le cousin de Demba qui a accepté de nous faire monter dans le camion de son patron.

Il me demande où se trouve mon copain ; je lui réponds qu'il va arriver d'un moment à l'autre. Quand il est sûr que personne ne nous regarde, il se penche vers moi et me demande de lui donner l'argent. Le départ est prévu à 7 heures.

– Si tu ne grimpes pas maintenant dans le camion, il sera trop tard car mon patron va bientôt arriver, m'explique-t-il en me tendant la main.

Ce garçon ne m'inspire pas confiance ; quelque chose me dit de faire attention. Je lui remets pourtant 13 000 CFA en expliquant

---

1 **le cœur battant** mit klopfendem Herzen – 1 **principal, principale** le plus important – 2 **un raccourci** chemin plus court – 2 **une gare routière** gare pour les cars et les camions – 3 **animé, animée** où il y a beaucoup de monde, beaucoup d'activités; vivant – 3 **un taxi-brousse** Buschtaxi – 4 **une oreille** Ohr – 7 **la terre battue** ≠ asphalte – 8 **proche** ≠ loin – 10 **comme convenu** comme on l'a décidé ensemble – 10 **une foule** grand nombre de personnes – 11 **l'air pressé** qui donne l'impression de ne pas avoir beaucoup de temps – 17 **être prévu, prévue** être programmé – 18 **grimper** monter – 21 **inspirer confiance** *f* **à qn** bei jdm Vertrauen erwecken – 22 **remettre qc à qn** donner qc à qn

que Demba aura le reste. Il n'est pas content, mais n'a pas le temps de discuter. Il me montre le camion et je remarque un tout petit espace, à l'arrière, entre les sacs de maïs.

J'hésite à grimper et me retourne vers l'entrée de la gare, espérant apercevoir Demba. Qu'est-ce qu'il fait ? Je ne veux pas partir sans lui.

J'attends quelques minutes de plus avec impatience, mais il n'arrive toujours pas. Et le patron vient de se mettre au volant !

Le cousin saute à l'arrière du camion qui démarre dans une fumée noire. Je cours après le véhicule en hurlant en wolof :

– Attendez ! Demba n'est pas là ! Attendez !

En vain. Le camion quitte la gare routière ; il est déjà loin.

Je n'arrive pas à y croire. Ils sont partis sans nous ! Avec notre argent !

Malgré mon envie de pleurer, je pars à la recherche de Demba. Qu'est-ce qui s'est passé? Tout était arrangé dans les plus petits détails.

À mon grand étonnement, je l'aperçois sur le chemin de l'école, en uniforme, avec les copains.

Comme si de rien n'était. Quand j'arrive vers lui, il baisse les yeux.

– Je t'ai attendu, où étais-tu ? lui demandé-je.

– Écoute, ce n'est pas de ma faute. Tu comprends, aller à Dakar comme ça, dans un camion, c'était vraiment pas possible, m'explique-t-il en s'arrêtant un peu pour qu'on puisse parler loin des autres.

– Pas possible ? Qu'est-ce que tu racontes ? Ton cousin apprenti a pris notre argent, comment on fait maintenant ?

– Tu n'aurais pas dû le lui donner…

---

3 **un espace** place – 5 **apercevoir qn** voir qn, découvrir qn – 8 **se mettre au volant** sich ans Steuer setzen – 9 **démarrer** se mettre en marche – 10 **la fumée** Rauchschwade – 10 **hurler** crier très fort – 12 **en vain** sans résultat – 18 **un étonnement** surprise

– Mais je pensais que tu allais arriver ! dis-je en me contrôlant pour ne pas lui crier dessus devant tout le monde. Tu avais dit qu'on y allait ensemble !

– Oui, mais Dakar, c'est trop loin… Je ne peux pas.

– Hier, tu étais d'accord pour partir. Tu as peur maintenant, c'est ça ?

– Arrête, je n'ai pas peur ! C'est toi qui es fou. Vas-y si tu veux. Ton père, il te pardonne tout, alors que le mien, c'est une catastrophe !

Sur ces paroles, il rejoint les élèves qui se rendent à l'école. Avant de disparaître, il se retourne et me lance avec un large sourire :

–À propos, si tu vois Seydou Tall, tu lui demandes des trucs pour faire l'acteur, hein ?! N'oublie pas !!!

Je reste planté au milieu du chemin, incapable de prononcer un mot. Je suis tellement déçu par l'attitude de mon meilleur ami. Il n'a même pas l'air de réaliser à quel point il a été méchant. Il aurait pu me prévenir, on en aurait discuté ensemble. Vraiment, je ne comprends pas…

J'envisage un moment de tout abandonner. Sans Demba, ce n'est plus pareil… Pourtant, je me demande ce que Seydou Tall aurait fait à ma place. Il a connu des tas de difficultés avant de devenir célèbre ; il n'aurait pas baissé les bras pour si peu. Il faut que je me débrouille tout seul !

D'un pas décidé, je prends la piste qui mène à la sortie du village et aperçois bientôt, au loin, les trois baobabs qui se dressent dans le paysage désertique. Le soleil tape déjà fort et j'ai soif, mais je

---

2 **crier dessus** anschreien, anbrüllen – 11 **large** breit, weit, groß – 13 **hein** *interj fam* nicht ?! – 14 **rester planté, plantée** im Stich gelassen sein – 16 **à quel point** wie sehr; in welchem Maße – 16 **méchant, méchante** ≠ gentil – 17 **prévenir qn** informer qn avant de faire qc – 19 **envisager qc** penser faire qc – 19 **abandonner qc** laisser tomber qc – 20 **pareil, pareille** ≠ différent – 22 **baisser les bras** abandonner qc – 24 **mener à qc** zu etw. führen – 25 **un baobab** *très gros arbre d'Afrique tropicale* – 25 **se dresser** emporragen – 26 **taper** *fam* être très chaud

continue à marcher tout droit devant moi. Une heure après, je me trouve assez loin du village pour me débarrasser de mon uniforme et pour mettre mon T-shirt et mon jean. Il ne faut pas que l'on sache que je suis un élève qui fait l'école buissonnière.

Quand je me remets en marche, j'ai l'impression d'être seul au monde. Un car et quelques motos me dépassent, puis des voitures qui viennent de Kanel. Je fais de grands signes et un conducteur finit par s'arrêter. Heureusement, il ne me connaît pas. Je lui explique que je vais à Tambacounda prendre le train pour rejoindre un oncle à Dakar et il accepte gentiment de m'y emmener.

L'homme s'appelle Moktar et part assister à un championnat de lutte. Son grand frère, lutteur professionnel, y participe. Il m'explique que son frère gagne beaucoup d'argent car les combats de lutte, au Sénégal, sont tellement populaires qu'ils attirent plus de spectateurs que les matchs de football.

Kanel a une bonne équipe de lutteurs et j'ai déjà assisté à plusieurs combats. J'adore l'ambiance de fête qui règne pendant les matchs. Les tam-tams encouragent les combattants. Avec Demba, on se débrouille toujours pour avoir une petite place devant, parmi les adultes. Moktar m'explique que les champions les plus connus viennent de la région du Nord. Notre conversation est si animée que le voyage jusqu'à Tambacounda passe très vite. Avant de quitter Moktar, je le remercie de m'avoir déposé à la gare et lui demande de souhaiter bonne chance à son grand frère de ma part.

---

4 **faire l'école buissonnière** ne pas aller à l'école sans en avoir la permission – 6 **dépasser qn** an jdm vobeifahren – 7 **un conducteur** Fahrer – 10 **emmener qn** *ici :* offrir une place dans sa voiture – 12 **la lutte** *ici :* Ringen (Sportart) – 14 **attirer qn** faire venir qn – 17 **régner** exister – 18 **un tam-tam** *afrikanische Trommel* – 18 **encourager qn** *ici :* jdn aufputschen – 23 **remercier qn** dire merci à qn – 25 **de ma part** en mon nom

Dans le hall de la petite gare, les voyageurs attendent le départ du train. Tous les bancs sont occupés et des gens sont assis par terre parmi leurs bagages. J'ai de la chance car le train pour Dakar, qui devait partir à 7 h 15, a trois heures de retard. Lorsqu'il arrive enfin, tout le monde se précipite vers le quai ; les gens se bousculent, certains montent, d'autres descendent. Je me mêle à la foule derrière une dame et ses trois enfants et grimpe avec eux dans un wagon. Les compartiments sont tous pleins ; j'arrive quand même à me faire une petite place à côté d'une grosse femme qui porte un large boubou coloré.

En face de moi, un vieil homme me sourit. Il a l'air de comprendre que je suis tout seul et un peu inquiet. Je lui rends son sourire ; ça fait du bien d'avoir un allié.

Bientôt, nous traversons une région aride. À chaque arrêt, il y a beaucoup d'animation. Des vendeuses défilent le long des wagons, des plateaux pleins de fruits, de pain, d'œufs durs ou de poulet grillé sur la tête. D'autres proposent des bouteilles d'eau et des boissons sucrées. Les passagers affamés se penchent par les fenêtres et choisissent ce qu'ils aimeraient manger en échange de quelques pièces.

Ma voisine a fait beaucoup d'achats. Avant de commencer à manger, elle me tend une orange déjà pelée. Le fruit est très juteux, je me régale.

– C'est bien, mon petit, mange, me dit-elle en wolof sur un ton très maternel. Si tu en veux encore, prends-en.

---

3 **les bagages** *mpl* ensemble de valises, sacs à dos, sacs etc. – 5 **un quai** endroit d'où les trains partent – 5 **se bousculer** sich drängeln, schubsen – 8 **un compartiment** partie séparée d'une autre dans un wagon – 11 **en face de qn** ≠ à côté de qn – 13 **un allié** Verbündeter – 14 **aride** désertique – 15 **une animation** une grande activité – 15 **défiler le long de qc** an etw. entlang vorbeiziehen – 16 **un plateau** objet qui sert à présenter la marchandise – 17 **un poulet** Hähnchen – 18 **affamé, affamée** qui a faim – 22 **pelé, pelée** prêt à manger – 22 **juteux, juteuse** → le jus – 23 **se régaler** manger avec grand plaisir

Elle parle fort, elle rit et me raconte qu'elle va à Dakar pour vendre les pagnes qu'elle a achetés au Mali et en Côte d'Ivoire. Elle ouvre un grand sac et me montre les tissus colorés aux motifs variés en m'expliquant:

– Tu vois, mon petit, les femmes aiment s'habiller, mais elles veulent aussi communiquer des messages.

Je lui explique que je sais déjà tout ça, parce que mon père est tailleur, mais elle continue :

– Les pagnes expriment les joies et les peines de celles qui les portent. Certains motifs sont créés pour des mariages, des funérailles ou même pour des élections. Il y en a pour tous les âges : jeune fille, épouse ou mère de famille. Mon petit, si tu veux faire plaisir à ta maman, fais des économies et achète-lui un pagne pour sa fête !

J'ai un peu honte en pensant à tout l'argent que j'ai gaspillé en le donnant au cousin de Demba. Quelle erreur ! J'aurais pu faire tellement de choses avec cet argent. Maintenant, je n'ai plus que 2 000 francs CFA dans ma poche.

Lorsqu'un contrôleur apparaît au bout du couloir, mon cœur s'emballe. Je regarde autour de moi… Nulle part où me cacher. La panique doit se lire dans mes yeux, car l'homme en face de moi fait signe de me cacher sous le boubou de ma voisine. Elle réalise ce qui se passe, éclate de rire et je peux me cacher tout juste avant l'arrivée du contrôleur. Ouf, c'est gagné ! Après cet incident, je passe tout mon temps à regarder le paysage par la fenêtre. La chaleur dans le wagon est intense.

---

5 **s'habiller** *ici :* porter des vêtements chic – 9 **exprimer qc** faire voir qc – 9 **la peine** ≠ joie – 10 **un mariage** Hochzeit – 11 **les funérailles** *fpl* Bestattung – 11 **une élection** Wahl – 12 **une épouse** femme mariée – 13 **faire des économies** ne rien acheter pour garder son argent – 15 **avoir honte** sich schämen – 15 **gaspiller qc** etw. verschwenden – 19 **un bout** Ende – 20 **s'emballer** *fam* sich zusammenkrampfen – 20 **nulle part** ≠ partout – 24 **c'est gagné** geschafft – 26 **une chaleur** → chaud

Je pense à papa et à maman et me demande s'ils savent déjà que je ne suis pas à l'école. Peut-être que le directeur les a alertés… Peut-être que Demba leur a tout dit… Je me demande ce qui va m'arriver quand je rentrerai après avoir vu Seydou Tall. Je n'ai jamais été si loin de chez moi et, tout à coup, je sens une grande peur. Mais je pense au livre de Seydou et cela suffit à me donner du courage. Rien ne doit m'arrêter. Je ne suis pas comme mon copain, moi.

Je finis par m'endormir, la tête sur l'épaule de ma voisine, qui s'est elle-même endormie contre la fenêtre. Nous ne nous réveillons que peu avant l'arrivée.

Le long des voies, j'aperçois de grands immeubles, de nombreux magasins, beaucoup de voitures. Puis le train entre en gare et les passagers se disent au revoir comme s'ils étaient de vieux amis. Je descends rapidement avant d'être repéré.

Je n'arrive pas à croire que je suis arrivé à Dakar. Je ne suis jamais venu dans une grande ville et je suis là, tout seul ! À Kanel, les adultes parlent souvent des dangers de la capitale. Des gens s'y sont rendus et ne sont jamais revenus. On parle de bandits et d'escrocs, alors je dois me méfier.

Dans les rues, je suis frappé par la quantité de poubelles qui débordent et par les papiers qui jonchent les trottoirs. Des mendiants sont assis à même le sol et tendent la main quand quelqu'un passe près d'eux. Les passants marchent nerveusement. Ils ont l'air pressés. Certains hommes portent des costumes et des cravates ; certaines femmes portent des chaussures à hauts talons,

---

2 **alerter qn** *ici :* informer qn – 4 **arriver à qn** jdm passieren – 12 **une voie** Gleis – 12 **un immeuble** grande maison à plusieurs étages – 15 **repérer qn** découvrir qn – 20 **un escroc** personne qui trompe les gens pour voler leur argent – 20 **se méfier** ne pas avoir confiance – 21 **frapper qn** surprendre qn – 22 **déborder** être trop plein – 22 **joncher qc** se trouver partout sur qc – 23 **un mendiant** personne qui demande aux autres de l'argent – 23 **à même le sol** directement par terre – 25 **un costume** vêtement d'homme : pantalon et veste – 26 **à haut talon** mit hohem Absatz

elles ont les cheveux défrisés et leurs robes sont comme celles qu'on voit dans des magazines. Je dois me rendre au nouveau Musée des civilisations noires, où Seydou Tall va parler de son livre. Heureusement, tous les Dakarois à qui je demande mon chemin savent où se trouve le bâtiment. Je dois faire très attention en traversant les rues car, parfois, les feux rouges ne fonctionnent pas, et, de toute façon, les taxis ne les respectent pas. Les véhicules les plus dangereux sont les motos qui envahissent la chaussée, et rivalisent avec les voitures et les piétons. Je suis obligé d'avoir les yeux partout.

Je suis content d'être à Dakar et je suis fasciné par les immeubles qui se dressent droit dans le ciel. Mais j'arrive à peine à en profiter. tant L'agitation et le bruit qui règnent ici me font tourner mal à la tête. Je n'ai qu'une envie : arriver à ma destination et rencontrer Seydou.

---

1 **défrisé, défrisée** entkraust – 3 **le Musée des civilisations noires** *ein im Dezember 2018 in Dakar eröffnetes ethnologisches und kunsthistorisches Museum* – 5 **un bâtiment** Gebäude – 6 **un feu rouge** Ampel – 7 **de toute façon** sowieso – 8 **envahir qc** occuper presque totalement qc – 8 **une chaussée** route, rue – 9 **un piéton** qn qui va à pied – 12 **à peine** presque pas; très peu; tout juste – 13 **une agitation** situation où il y a beaucoup de mouvement

3 Ma rencontre avec Seydou Tall

Je suis devant un gigantesque bâtiment circulaire aux murs décorés d'immenses motifs. Tout est neuf. Je n'ai jamais rien vu de tel, sauf dans mes livres d'école. J'hésite à entrer. Il le faut, pourtant, car c'est ici que se tient le Festival. C'est ici que Seydou se trouve sans doute déjà, quelque part, dans une des nombreuses salles. Ce n'est pas le moment d'hésiter !

Je rejoins la foule au bas d'un grand escalier en pierre. Je suis très fatigué, soudain ; ma tête bourdonne. J'observe les gens autour de moi qui vont rapidement vers une large porte en bois sculpté. Je me mêle à leur flot ; je suis petit, je suis anonyme, les gardiens me laissent passer…

Nous entrons dans une grande pièce décorée de tissus traditionnels. Tout à coup, je le vois, lui, Seydou Tall ! Il est assis derrière une table couverte de livres en train de les signer pour une file de lecteurs attentifs. Je le regarde, bouche bée, et reste un moment sans bouger pendant que tout le monde me dépasse. Puis j'ouvre mon sac et en sors mon livre tout rafistolé. Je suis si près de mon but ! Je n'ai plus que quelques pas à faire.

Je pense à mes amis qui m'attendent, à mes parents qui doivent être très inquiets, et j'observe à nouveau Seydou Tall. J'ai l'impression qu'il est plus grand, plus beau que sur les photos. Son sourire est pareil, mais il laisse voir une certaine tristesse que je n'avais pas remarquée auparavant.

---

1 **circulaire** rond – 3 **de tel** dergleichen – 3 **sauf** außer – 4 **se tenir** *ici :* avoir lieu – 5 **sans doute** ≠ sûrement – 5 **quelque part** on ne sait pas exactement où – 7 **au bas de qc** unterhalb von etw. – 8 **bourdonner** brummen – 10 **un flot** *ici :* un grand nombre de personnes qui vont dans la même direction – 10 **un gardien** surveillant – 15 **une file** (Warte-)Schlange – 15 **attentif, attentive** qui regarde ou écoute avec attention – 15 **bouche bée** mit (vor Staunen) offenem Mund – 17 **rafistolé, rafistolée** *fam* mal réparé – 18 **un but** Ziel – 23 **auparavant** avant

Alors que je prends place dans la longue file, une dame se retourne brusquement et me demande ce que je fais là. Elle doit penser que je suis un enfant de la rue et protège son sac à main.

– Qu'est-ce que tu fais à traîner ici, toi ? Petit voyou ! lance-t-elle. Ne t'approche pas de moi ! Pfff… Dégage ! Dégage !

Plusieurs personnes se retournent. J'aperçois un gardien qui cherche déjà à savoir ce qui se passe et vient dans ma direction. S'il m'attrape, je suis fichu. Il me demandera où sont mes parents et me fichera dehors. Seydou Tall semble avoir disparu derrière ses nombreux admirateurs. Je n'ai pas pu l'approcher vraiment et déjà je suis obligé de m'éloigner.

Je finis par trouver refuge à l'extérieur, près de l'entrée. Le dos contre une colonne, je sors le morceau de pain que j'avais mis dans mon sac, et en mange un peu en réfléchissant. Ce n'est pas bon, il est dur maintenant, mais c'est assez, je n'ai plus beaucoup faim. Pourquoi certaines personnes sont-elles si méchantes ? Cette dame n'avait pas le droit de me chasser comme ça. Que vais-je dire à Demba et Oumy ? Que j'ai échoué si près du but parce que j'avais l'air pauvre ? Je cherche une solution mais je n'en trouve pas. Les pensées se bousculent dans ma tête. Je regarde le livre de Seydou Tall que nous avons réparé avec soin. Tous ces efforts pour rien… Je suis vraiment déçu.

La tête posée sur les genoux et mon livre à côté de moi, je me suis endormi. Combien de temps ? Je ne sais pas. Mais quand des voix me réveillent, je lève la tête, tout à coup, je l'aperçois qui passe devant moi, Seydou Tall. Il est accompagné d'un homme en

---

3 **protéger qc** etw. schützen – 4 **traîner** herumlungern – 4 **un voyou** garçon qui se comporte très mal – 5 **Dégage!** *fam* Hau ab! – 8 **attraper qn** jdn erwischen – 8 **être fichu** *fam* être perdu – 9 **ficher qn dehors** *fam* mettre qn à la porte – 10 **un admirateur** Fan – 12 **trouver refuge** trouver un endroit où l'on n'est plus en danger – 12 **à l'extérieur** dehors – 18 **échouer** ≠ réussir – 21 **avec soin** en faisant beaucoup d'attention

costume gris qui le précède d'un pas pressé. Je bondis sur mes pieds et les poursuis en brandissant mon livre.

– Monsieur Tall ! Une signature, s'il vous plaît, monsieur Tall !

Il s'arrête et, intrigué, se tourne vers moi. Puis il remarque le livre que je lui tends timidement, le prend et lit le titre – *FILS DE TAILLEUR* – que j'ai recopié à la main. Il m'interroge du regard et je lui raconte que c'est à cause de la chèvre que son livre est dans cet état-là. Et comme je vois qu'il ne comprend pas, je lui explique que les chèvres aiment beaucoup le carton et que, dans mon village, elles sont nombreuses et très gourmandes. Il se met à rire, mais l'homme en costume me coupe sèchement la parole en m'ordonnant de m'en aller. Alors Seydou intervient et me demande gentiment :

– Comment t'appelles-tu ?

– Yao.

– Excusez-moi, monsieur Tall, insiste l'homme en costume qui s'impatiente, mais si vous voulez passer à l'hôtel avant la réception à l'ambassade de France, nous ne devons pas nous attarder…

– Et ma dédicace alors ? demandé-je à Seydou Tall.

– C'est fini. Allez, dégage ! gronde l'homme.

Mais Seydou intervient à nouveau.

– Suis-moi, Yao, déclare-t-il en tournant le dos à l'homme. Je vais te la faire, ta dédicace.

Je le suis à petits pas, tout excité, et m'assieds à côté de lui à l'arrière de la Mercedes noire.

On arrive dans un hôtel somptueux. Un endroit très beau dont toutes les pièces sont illuminées et décorées d'immenses bouquets

1 **précéder qn** marcher devant qn – 1 **bondir** sauter – 2 **poursuivre qn** courir derrière qn – 10 **gourmand, gourmande** qui aime manger beaucoup – 11 **sèchement** *adv* brutalement – 12 **ordonner à qn de faire qc** dire à quelqu'un ce qu'il doit faire – 12 **s'en aller** quitter le lieu, partir; disparaître – 17 **une réception** accueil – 18 **une ambassade** Botschaft – 18 **s'attarder** perdre trop de temps – 26 **somptueux, somptueuse** luxueux, beau et cher – 27 **illuminé, illuminée** (festlich) beleuchtet – 27 **un bouquet** Strauß

de fleurs et de tableaux sur les murs. Seydou me demande de l'attendre sur la terrasse pendant qu'il va chercher la clé de sa chambre. J'observe des enfants qui jouent dans une immense piscine à l'eau incroyablement claire. J'entends leurs rires, leurs cris joyeux. Des serveurs en veste blanche apportent des boissons aux clients assis dans d'énormes fauteuils en bambou. Tout cela me semble totalement irréel. J'ai l'impression de rêver !

La voix de Seydou me fait sursauter.

– Qu'est-ce que tu veux boire ? me demande-t-il en m'emmenant vers le bar.

– Une Gazelle Ananas. Avec une paille, s'il vous plaît.

– C'est bon, ça ? demande-t-il au serveur qui prend la commande.

– Ça dépend des goûts, monsieur…

– Alors la même chose pour moi. Merci, dit-il en ignorant la moue que lui fait l'homme.

Quand le serveur est reparti, Seydou Tall pose sur moi un regard si intense que je ne sais plus où me mettre.

– Toi, tu as l'air d'un garçon timide mais qui sait très bien ce qu'il veut. À ton âge, j'étais un peu comme ça… Bon, donne-moi ton livre, je vais te faire ta dédicace, dit-il en sortant un stylo de sa poche.

– Mon nom, c'est Yao. Y majuscule… a… o.

– Très bien, c'est tout ?

– Euh, non… Est-ce que vous pouvez aussi signer pour mon meilleur ami, Demba ? D majuscule…e… m… b… a. Et puis, pour ma copine qui s'appelle Oumy ? O majuscule… u… m… y. Elle est très gentille et elle vous aime bien également.

---

1 **un tableau** Gemälde – 5 **joyeux, joyeuse** → joie – 6 **un fauteuil** Sessel – 8 **sursauter** aufschrecken, hochfahren – 11 **une Gazelle Ananas** *senegalesisches alkoholfreies Ananasgetränk* – 11 **une paille** Strohhalm – 12 **prendre la commande** noter ce que le client au restaurant voudrait manger ou boire – 13 **un goût** ce que l'on aime; ce qui plaît le plus – 15 **une moue** grimace qui exprime qu'on n'est pas content – 17 **ne pas savoir où se mettre** être très gêné – 22 **une majuscule** Großbuchstabe – 27 **également** *adv* aussi

– Tu es vraiment marrant, toi ! s'exclame Seydou en éclatant de rire. Tiens, voilà, c'est fait.

– Merci beaucoup, monsieur Tall.

– Tu habites où ?

– Kanel, monsieur Tall.

– C'est loin ?

Trois cent quatre-vingt-sept kilomètres, exactement.

Il me regarde très surpris en réalisant que je me trouve si loin de chez moi. Il imagine sans doute combien mon voyage a dû être difficile pour arriver à Dakar, tout seul, à mon âge. Il a l'air vraiment impressionné, et moi, je me sens fier.

– Et… tu rentres comment ? Il y a des bus à cette heure-ci ? demande-t-il avec un air un peu inquiet.

– Je ne crois pas, monsieur Tall. Mais je peux prendre le train et après faire du stop, comme à l'aller. Je sais très bien me cacher quand un contrôleur arrive ! Je vais me débrouiller. Ne vous en faites pas, monsieur Tall.

– Pour commencer, arrête de dire « monsieur Tall » à chaque phrase. Et pendant que tu y es, arrête aussi de me vouvoyer, ça ira mieux entre nous !

On reste un moment sans rien dire, comme si chacun réfléchissait de son côté. C'est moi qui reprends la parole :

– Est-ce que je peux t'appeler « tonton Tall » ?

Il sourit et me répond avec un air complice :

– Oui, si tu préfères, ça me va… À propos, il se trouve où ton village ? Dans quelle région ?

Je lui emprunte son stylo et dessine une petite carte du Sénégal sur ma serviette en papier. Je marque une croix au nord pour

1 marrant, marrante *fam* drôle ; qui fait rire – 11 fier, fière très, très content de ce qu'on fait – 19 vouvoyer qn parler à qn en disant «vous» – 22 de son côté chacun pour soi (un côté = Seite) – 23 un tonton *enf* oncle – 27 emprunter qc à qn se faire donner qc pour un moment – 28 une croix Kreuz

indiquer où j'habite. Je dessine ensuite le fleuve Sénégal et situe les principales régions du pays.

– Dis donc, tu es très fort, toi ! Tu sais beaucoup de choses. C'est bien, ça. Et dans mon livre, tu as tout compris également ?

– Absolument !

– Même quand j'écris : « L'aventure d'un homme engage l'humanité » ?

– « L'humanité *entière* », je précise. Oui, j'ai bien compris. Ça veut dire que nous sommes tous pareils et que la vie est une aventure où ce qui arrive à une personne, c'est comme si ça arrivait à tout le monde.

– Et tu connais le livre par cœur ? Sérieusement ?

– Oui. Par cœur, tonton Seydou. Et puis j'ai bien aimé la partie où tu dis que ton père est tailleur, parce que le mien l'est aussi.

– Ton père est tailleur ?

– Exactement.

– Le mien aussi.

– Je sais, je l'ai lu dans ton livre. On a ça en commun. En plus, je suis toucouleur, comme toi. Je parle pular comme toi.

– Pas tout à fait, Yao. Je comprends quelques mots de pular mais pas beaucoup. En fait, non, je ne parle pas pular.

– Ah bon, et pourquoi ?

– Mes parents ne m'ont pas appris. Ils parlaient entre eux en pular mais ils ne s'adressaient jamais à moi dans leur langue. Les choses se sont passées comme ça, voilà. La vie en France est très différente, tu sais.

---

1 **indiquer qc** montrer qc, marquer qc – 6 **engager qn** faire participer qn – 7 **l'humanité** *f* tous les hommes – 8 **préciser qc** corriger qc pour être plus exact – 12 **par cœur** mot pour mot – 19 **toucouleur** *qui fait partie d'une population qui vit avant tout dans le nord du Sénégal, en Maurétanie et au Mali et dont la langue maternelle est le pular* – 20 **tout à fait** exactement – 21 **en fait** à vrai dire; en réalité – 23 **apprendre qc à qn** donner des cours à qn pour qu'il apprenne qc

– Moi, en plus de pular, je parle le wolof et un peu le sérère. Comme ça, je peux discuter avec plein de gens. Mais alors, Nathan, il ne parle pas pular non plus ?

– Comment sais-tu que j'ai un fils ?

– Parce que c'est aussi écrit dans ton livre, non ? Je m'en souviens bien parce que Mariette, ma petite sœur, a le même âge que lui et qu'elle bavarde aussi comme un perroquet.

Je sens que Seydou s'amuse bien avec moi. Pourtant, ma question semble l'avoir perturbé. Il regarde par la fenêtre, l'air sombre. Est-ce que j'ai dit ce qu'il ne fallait pas ? Je me dépêche de changer de sujet :

– Et puis comme toi, tonton Seydou… je… j'aime bien le bruit des machines à coudre.

– C'est vrai ça, toi aussi ? s'exclame-t-il et un sourire éclaire à nouveau son visage.

– Pour moi, c'est comme de la musique. Ça m'aide à me concentrer quand je fais mes devoirs.

– Tes devoirs ? Parce que tu vas à l'école !?

J'ai l'impression d'avoir dit une grosse bêtise car il me dévisage comme s'il venait de découvrir un terrible secret. Décidément, la situation ne s'arrange pas. J'essaie de me rattraper en changeant encore une fois de sujet ; je me vante d'être le premier en récitation et d'avoir des bonnes notes dans toutes les matières. Mais Seydou n'est pas dupe ; il veut savoir si j'ai raté l'école aujourd'hui et je suis bien obligé d'avouer que oui. Mon secret vient d'être découvert et je commence à me sentir mal à l'aise. Mais je prétends que ce

---

7 un perroquet Papagei – 9 perturber qn jdn im Inneren treffen – 14 éclairer qc rendre qc plus clair – 19 dévisager qn jdn anstarren – 20 décidément *adv* also wirklich, definitiv – 21 se rattraper faire qc pour réparer une faute qu'on a faite – 22 se vanter prahlen – 24 être dupe se laisser tromper – 26 se sentir mal à l'aise ne pas se sentir bien ; être très gêné

n'est pas grave du tout, que Demba m'aidera à rattraper mon retard… Sans arriver à convaincre Seydou.

– Et ton père ? me demande-t-il. Il pense aussi que ce n'est pas grave ?

Je baisse les yeux. Maintenant, il voudra sûrement savoir où sont mes parents afin de les contacter. S'il me questionne, je suis fichu. J'imagine mon père à Kanel en train de tempêter et d'alerter le monde entier à cause de ma disparition. Demba passe probablement un mauvais quart d'heure par ma faute. Mes parents savent qu'il est au courant de tout ce que je fais. J'avais prévu de rentrer à Kanel ce soir, très discrètement. À présent, je me rends compte que je n'avais aucune chance d'y arriver. De toute évidence, j'ai mal calculé mon coup. Et je sens que mes ennuis ne font que commencer.

– Allez, il faut prévenir tes parents, lance Seydou. Ils doivent être inquiets. On va les appeler tout de suite !

Je lui jure que mes parents sont au courant de mon absence, il ne se laisse pas impressionner et hoche la tête en signe de mécontentement. Alors je finis par lui dicter le numéro de la maison.

Papa est au téléphone et commence alors une conversation animée. Seydou explique la situation et essaie de calmer mon père qui hurle qu'il veut me parler.

– Oui… c'est moi, Seydou Tall, l'acteur. Oui, monsieur… Non, monsieur… Bien sûr, monsieur…

Je n'arrive pas à entendre papa, mais je vois bien que l'atmosphère se détend. Finalement, Seydou lui explique qu'il m'accompagnera

---

2 **rattraper un retard** das Versäumte nachholen – 6 **afin de** pour – 7 **tempêter** montrer très fort sa colère – 8 **une disparition** → disparaître – 10 **être au courant de qc** être informé de qc – 11 **à présent** maintenant – 12 **ne … aucun, aucune** + *nom* pas un seul/une seule + *nom* – 12 **de toute évidence** il est très clair – 13 **un coup** *ici :* action – 17 **jurer qc** etw. versichern, schwören – 22 **calmer qn** ≠ exciter qn ; énerver qn – 27 **se détendre** devenir moins agressif

à la gare demain matin et qu'il va bien s'occuper de moi. Après avoir raccroché, il me regarde fixement et je garde les yeux baissés en murmurant que je ne mentirai plus. Il croise les bras et me demande :

– Bon alors, où dormiras-tu, ce soir ?

– Je n'ai pas encore réfléchi… Quelque part par là-bas, dis-je en faisant un geste vague vers la ville.

– Yao !!! Qu'est-ce que je t'ai dit ?

Je suis trop gêné pour lui avouer que je n'ai nulle part où aller. Il semble avoir compris et ne me gronde plus. Il doit se poser des tas de questions. Que pourra-t-il faire de moi ? Je suis sûr qu'il me trouve courageux, car je me comporte exactement comme le petit garçon de la banlieue parisienne dans son livre !

– Très bien, voilà ce qu'on va faire, Yao, déclare-t-il pour terminer. J'ai une grande suite dans cet hôtel et il y a assez de place pour dix personnes. Tu vas dormir ici et demain matin, je t'amènerai à la gare routière pour que tu prennes ton bus pour Kanel. Ça te convient ? Maintenant, je te conseille de prendre un bon bain avant de m'accompagner à la réception. Tu pourras te promener dans le jardin en m'attendant, tu verras, en général, c'est très agréable. Je demanderai à quelqu'un de s'occuper de toi.

C'est ainsi que je me retrouve dans une chambre magnifique, climatisée, avec un grand panier de fruits sur la table, des petits biscuits et des olives vertes dans des bols et toutes sortes de boissons dans le réfrigérateur. Il y a aussi une immense salle de bains avec une énorme baignoire et des serviettes plus blanches que des champs de coton. J'entre dans l'eau chaude en me disant

2 **raccrocher** terminer un appel téléphonique – 2 **regarder qn fixement** *adv* poser un regard intense sur qn – 3 **murmurer qc** + parler très fort – 3 **croiser les bras** mettre un bras sur l'autre – 18 **Ça te convient?** Ça te va? – 21 **agréable** qui plaît – 22 **magnifique** d'une grande beauté – 23 **un panier** Korb – 24 **un bol** *ici :* Schale – 25 **un réfrigérateur** Kühlschrank – 26 **une baignoire** Badewanne – 26 **une serviette** morceau de tissu qu'on utilise après la douche ou le bain avant de mettre les vêtements

que la vie est belle. Ah, c'est bien fait pour Demba ! Il va être malade de jalousie quand je lui raconterai que Seydou Tall m'a invité dans un hôtel cinq étoiles ! Je vois déjà sa tête.

Au moment de quitter l'hôtel pour la réception, l'attaché culturel de l'ambassade de France qui est venu chercher Seydou dans sa Mercedes s'étonne de ma présence. Mais il ne peut rien contre son invité de marque qui insiste pour que je l'accompagne.

Pendant un moment, personne ne parle. Je me fais tout petit à côté de Seydou qui a l'air complètement absent, comme si une pensée le perturbait. L'attaché culturel met fin au silence en lui demandant s'il est marié. Seydou lui répond que oui après un moment d'hésitation embarrassé.

– Vous avez des enfants, monsieur Tall ? insiste notre chauffeur.

– Un garçon de six ans, Nathan, qui vient juste de fêter son anniversaire. Il devait venir avec moi mais il a eu une otite, explique Seydou d'une voix triste. Sa maman n'a pas voulu le laisser voyager.

– Quel dommage ! Je suis vraiment désolé. Le Sénégal est un beau pays, il aurait certainement aimé être ici… Vous voyez, il faudra revenir avec lui !

Maintenant, je sais pourquoi Seydou me donne l'impression de se sentir seul. Il regarde à peine les rues de Dakar.

Par les vitres baissées, on entend le bruit de la ville. Dans les rues encombrées de taxis jaune et noir, les marchands ambulants partout. Ils se faufilent entre les véhicules et vendent de tout : Kleenex, boissons gazeuses, tapis, assiettes, jouets et même des

---

3 **une étoile** ce qui brille dans le ciel la nuit – 4 **un attaché culturel** personne qui travaille pour une ambassade ou un ministère dans le domaine culturel – 6 **s'étonner de qc** être surpris ; trouver qc étrange – 7 **un invité de marque** un invité important – 15 **une otite** Mittelohrentzündung – 23 **une vitre** fenêtre de la voiture – 23 **baissé, baissée** *ici :* ouvert – 24 **encombré, encombrée** bouché – 24 **un marchand ambulant** quelqu'un qui vend sa marchandise dans les rues – 26 **Kleenex** Papiertaschentuch – 26 **gazeux, gazeuse** kohlensäurehaltig – 26 **un tapis** Teppich – 26 **un jouet** qc pour jouer

livres. Seydou jette un œil sur des téléphones portables qu'un jeune homme lui présente, et celui-ci se met à courir le long de la voiture. Le conducteur nous conseille de remonter nos vitres et de mettre la climatisation.

1 jeter un œil sur qc regarder qc rapidement

4 Réception à l'ambassade

Dès notre arrivée à la résidence, Seydou est accueilli par l'ambassadeur tandis que je vais me promener dans l'immense jardin. Un serveur s'assure que j'ai bien à boire et à manger. La nuit est chaude avec, dans l'air, des parfums agréables. Les hibiscus et les bougainvillées sont en fleurs. La pelouse sous mes pieds est comme un tapis vert sombre. Je suis heureux de me trouver dans un aussi bel endroit.

Seydou discute avec de nombreux invités sur la terrasse. Il n'y a là que des gens bien habillés, des hommes en costume et des dames portant de belles robes et des hauts talons. Ils n'ont pas l'air de s'amuser beaucoup, pourtant. En tout cas, pas comme chez nous quand on fait la fête. On ne voit aucun enfant.

Je me rapproche de la terrasse au moment où l'ambassadeur termine son discours.

– Ce qui me frappe, dans les relations entre nos deux pays, c'est cette passion qu'ont les Français pour le Sénégal et vice versa. Dans les moments difficiles comme dans les moments d'euphorie la France est aux côtés du Sénégal…

J'ai l'impression que Seydou s'impatiente, qu'il n'écoute pas vraiment. On dirait qu'il se force à sourire alors qu'il aimerait être ailleurs.

– … Et vous êtes, cher Seydou Tall, continue l'ambassadeur, le symbole vivant de ce lien. Acteur, vous êtes celui qui nous fait rêver d'un monde meilleur. Vous transformez les mots en rires et en

---

3 **s'assurer de qc** contrôler qc pour être sûr – 4 **un parfum** Duft – 5 **être en fleur** blühen – 5 **une pelouse** Rasen – 11 **en tout cas** jedenfalls – 13 **se rapprocher de qc** venir près de qc – 14 **un discours** paroles que l'on dit en public à un moment particulier – 16 **vice versa** *lat* umgekehrt – 18 **être aux côtés de qn** *fig* apporter son aide à qn – 20 **se forcer** faire un très grand effort – 23 **vivant** → vivre – 23 **un lien** relation

larmes. Bref, en poésie. Et comme le disait notre regretté président Senghor qui avait placé l'art et la culture au centre de sa vision politique : « La poésie ne doit pas périr, car alors où serait l'espoir du Monde ? »

Les invités applaudissent. On sert des coupes de champagne et l'ambassadeur lève son verre en l'honneur de son invité, debout à sa droite. Seydou serre des mains. Sourit. Écoute. Répond avec amabilité et accepte de poser pour des selfies.

En attendant, je mange tout ce que mon serveur m'offre sur des plateaux : petites brochettes de poulet, crevettes, et canapés pour tous les goûts. Comme il n'y avait pas de Gazelle Ananas, j'ai choisi un Coca avec beaucoup de glaçons.

La soirée est terminée. Seydou peut enfin s'en aller et nous nous retrouvons dans la voiture. Il semble inquiet et me demande si je me suis ennuyé, tout seul, dans le jardin. Est-ce que j'aurais préféré rester à l'hôtel ?

– Au contraire, lui dis-je, c'était plutôt cool d'être chez un ambassadeur. Merci beaucoup, je ne pensais pas que cela m'arriverait un jour. Tu vas souvent à des réceptions comme celle-ci ?

– Oui, souvent, me répond-il avec lassitude. Tu ne me croiras pas mais ça fait partie du métier d'acteur.

– Tu veux dire que tous ces grands messieurs et dames ont vu tes films ?

---

1 bref en un mot – 1 regretté *ici :* mort (regretter qn = être triste parce que quelqu'un n'est plus là) – 2 Senghor, Léopold Sédar (1906–2001) *poète et homme politique très célèbre, premier président du Sénégal (1960–1980) qu'il a mené à l'indépendance de la France tout en gardant des fortes relations avec la France où il vivait une grande partie de sa vie* – 3 périr mourir ; être oublié – 5 une coupe verre pour le champagne – 6 en l'honneur de qn pour marquer un évènement spécial – 8 l'amabilité *f* politesse – 10 une brochette de poulet Hähnchenspieß – 10 une crevette Garnele – 10 un canapé Häppchen – 12 un glaçon Eiswürfel – 21 une lassitude fatigue mentale

Il me fait un clin d'œil avant de me pincer la joue. Je suis impressionné : être un grand acteur, c'est vraiment sérieux !

Plusieurs invités du cocktail nous retrouvent à l'hôtel pour dîner avec Seydou. Comme je n'ai plus faim, il m'accompagne jusqu'à la chambre, avant de rejoindre le groupe.

Debout devant le grand lit, je caresse des doigts les draps d'un blanc éclatant. Heureusement, il y a une banquette avec quelques coussins. Cela me va très bien et je m'allonge dessus tout habillé.

Je suis fatigué mais je n'arrive pas à m'endormir. J'ai trop de choses dans la tête.

Plus tard, quand la porte s'ouvre Seydou entre en silence, allume une petite lampe de chevet et semble chercher quelque chose. Je l'entends soupirer et je l'écoute se brosser les dents dans la salle de bains, tirer la chasse… Ensuite, une armoire s'ouvre et se referme et je sens une couverture se poser sur moi.

– Bonne nuit, Yao ! me dit Seydou tout haut comme s'il savait que je ne dormais pas.

---

1 **faire un clin d'œil à qn** jdm zuzwinkern – 1 **pincer la joue** in die Wange kneifen – 3 **un cocktail** grande réception avec un buffet – 6 **un drap** Betttuch – 7 **éclatant, éclatante** strahlend – 7 **une banquette** un petit banc – 8 **un coussin** Kissen – 8 **s'allonger dessus** s'y mettre pour dormir – 11 **allumer qc** faire marcher – 12 **un chevet** petite table à côté du lit – 13 **se brosser les dents** Zähne putzen – 14 **tirer la chasse** die Toilettenspülung betätigen

5 Ce n'est pas un au revoir

Vers 7 heures du matin, nous prenons le petit déjeuner qu'un serveur en tunique blanche nous apporte dans la chambre sur un plateau d'argent. Je découvre le chocolat chaud – c'est délicieux ! Nous parlons de tout et de rien. Seydou n'arrête pas de me poser des questions sur Kanel, mes parents, l'école, le marché, etc. Je lui décris notre façon de vivre. Notre village n'est pas très riche, mais il est presque aussi grand qu'une petite ville et j'y suis très heureux. Les gens s'entendent bien, en général.

Je lui dis que, pour moi, c'est le plus bel endroit de la terre.

Bientôt, il est l'heure de partir, hélas !, et Seydou se dépêche de finir son café.

Je récupère mon sac et nous sortons de l'hôtel. Une file de taxis jaunes y stationne. Nous nous engouffrons dans le premier, une Toyota dont la radio diffuse un morceau de Youssou N'Dour. Tout content, j'explique à Seydou que c'est l'un de nos chanteurs les plus célèbres mais mon effet tombe à plat : la musique sénégalaise, il connaît bien ; il a même beaucoup de CD de Youssou, chez lui, à Paris.

Nous nous éloignons de l'hôtel. Même si j'ai le cœur serré à l'idée de rentrer à la maison, je suis content d'avoir rencontré Seydou et découvert la capitale, deux choses à peine imaginables hier encore !

Ali, notre taximan, a reconnu Seydou et est très fier de le conduire. Il lui pose des questions du genre :

---

3 **l'argent** *m* Silber – 6 **une façon** Art und Weise – 8 **en général** le plus souvent – 13 **stationner** se trouver là à attendre des clients – 13 **s'engouffrer** monter rapidement – 14 **Youssou N'Dour** *chanteur sénégalais qui était connu surtout dans les années 1980–2000 et qui s'est aussi engagé socialement et politiquement* – 16 **un effet** *ici :* Absicht, Eindruck zu machen – 16 **tomber à plat** ne pas réussir ; ne pas donner le résultat désiré – 19 **s'éloigner de qc** laisser qc derrière soi – 19 **avoir le cœur serré** être triste tout en ayant peur – 24 **conduire qn** être le chauffeur pour qn

– Et avec les filles, c'est comment ? Je ne veux pas vous embêter, monsieur Tall, mais je me demandais... Vous avez plusieurs femmes ? Chez nous, les hommes importants sont souvent polygames. Ça doit être plus facile pour vous, non ?

Seydou semble amusé par toutes ces questions. Il répond avec un sourire qui ne se voit presque pas. Non, en fait, ce n'est pas plus facile – au contraire –, mais je ne comprends pas très bien ce qu'il veut dire.

La gare routière principale de Dakar dessert presque toutes les destinations sénégalaises et d'Afrique de l'Ouest. C'est un endroit qui ne dort jamais ; on peut y voyager de jour comme de nuit. Ali s'est garé dans une petite rue voisine ; il attendra le retour de Seydou pour le raccompagner à son hôtel. Je prends mon sac et nous descendons du taxi.

À perte de vue stationnent des autobus avec des ballots et des bagages sur les toits.. Des vendeuses passent au milieu de la foule ; les voyageurs leur achètent de la nourriture en attendant leur voyage. On entend des enfants pleurer, énervés par le bruit des moteurs et la fumée noire des tuyaux d'échappement. Pour attirer des clients, les rabatteurs crient la destination de leur véhicule en faisant de grands gestes. Dans une autre partie de la gare, des taxis-brousse à huit places attendent en plein soleil que les passagers se présentent.

Comme nous passons devant un groupe d'individus inquiétants, Seydou me prend la main et nous fendons la foule sans savoir quelle direction prendre. Il y a des mégots partout, des bouts de

---

9 **desservir une destination** rendre possible des voyages à une destination – 12 **se garer** parquer la voiture – 15 **à perte de vue** soweit das Auge reicht – 15 **un ballot** Bündel – 17 **la nourriture** toutes les choses qu'on peut manger – 19 **un tuyau d'échappement** Auspuffrohr – 20 **un rabatteur** personne qui cherche à se faire remarquer par des clients – 25 **fendre la foule** s'ouvrir un chemin dans la foule – 26 **un mégot** *fam* bout d'une cigarette qu'on a finie de fumer

papier sales et des bouteilles qu'on a laissé tomber n'importe où. Je me renseigne en wolof auprès de plusieurs personnes, et, finalement, un apprenti nous indique un bus qui est garé près d'un abri. Le véhicule ne semble pas être prêt à partir : aucun passager dans le bus, personne au volant. Pourtant, une jeune femme assise sur un banc, en train de manger du maïs grillé, nous confirme que c'est bien le bus pour Kanel.

– Au revoir, tonton Seydou, lui dis-je en lui tendant la main avec un large sourire pour cacher ma tristesse. Merci beaucoup, je suis très content de t'avoir rencontré. Bon retour à Paris.

– Tu es sûr que je t'ai donné assez d'argent pour le billet ? Ça va aller, tu crois ? me questionne-t-il sans me lâcher la main. Il va partir quand, ce bus ?

– Oui, j'ai tout ce qu'il faut, vraiment… Et le bus, il partira quand tous les passagers seront là. Je ne sais pas quand, mais il partira, c'est sûr. Ne t'en fais pas…

Seydou me lâche la main et s'éloigne lentement. Puis je le vois hésiter, se retourner, et me faire un grand signe. Je suis triste mais je lui souris pour ne pas lui montrer ce que je ressens.

Il se remet à marcher la tête basse. Cela aurait été tellement bien de pouvoir rester encore un peu avec lui. Soudain, il s'arrête, se retourne à nouveau et revient rapidement vers moi.

– Yao ! Ta ville, on peut y aller en taxi ? me demande-t-il comme s'il venait d'avoir une idée.

Je lui réponds que oui, certainement, mais que ça va coûter très cher parce que c'est loin de Dakar. Cela n'a pas l'air de lui poser un problème car il s'exclame, tout heureux :

– On change de programme. Viens, je te ramène chez toi !

Je saute dans ses bras et l'étreins très fort en répétant joyeusement :

---

1 **sale** qui a déjà servi – 4 **un abri** *ici :* petite construction où l'on attend le bus – 19 **ressentir qc** sentir qc – 29 **étreindre qn** serrer qn dans ses bras

– Merci beaucoup, tonton Seydou ! Merci beaucoup !

Nous rions tous les deux à gorge déployée. C'est formidable ! Seydou Tall vient avec moi à Kanel, je n'en reviens pas. J'ai hâte de le présenter à Demba et à Oumy. Tout le monde verra que nous sommes amis. C'est le plus beau jour de ma vie !

---

2 **rire à gorge déployée** aus vollem Hals lachen – 2 **formidable** super – 3 **ne pas en revenir** ne pas pouvoir le croire – 3 **avoir hâte de faire qc** être impatient de faire qc

6 Les maisons Western Union

De retour au taxi, Seydou commence à marchander le prix du voyage et je lui indique discrètement qu'il doit continuer à discuter. Un compromis est finalement trouvé quand Ali lui promet qu'il peut être à Kanel avant la nuit et de retour à Dakar le lendemain en fin de matinée. Nous prenons place dans la voiture qui démarre en trombe.

Sur la route à quatre voies qui sort de la ville, à l'arrière du taxi, Seydou passe des coups de téléphone, prévient de son absence et annule ses rendez-vous. Pas de problème, il sera de retour demain soir, dimanche, pour prendre son avion à 23 heures… Il sera à temps à l'aéroport…

Quand il remarque mon air inquiet, il me rassure :

– Tout va bien se passer, ne t'inquiète pas. Avec un guide comme toi, je suis tranquille ! En plus, ça me permettra de voir du pays. Vraiment dommage que Nathan n'ait pas pu venir, tu te serais bien entendu avec lui…

Il a l'air tout excité, comme un enfant qui va faire une bonne farce à tout le monde. Il sort une photo de son portefeuille et me la montre.

– Regarde, voilà Nathan dans mon appartement, le jour de son anniversaire…

C'est un petit garçon à la peau marron, au regard vif et au sourire espiègle. Il a l'air tout content de recevoir un ballon vert qu'un clown lui tend. Je demande à Seydou s'il a reçu beaucoup de cadeaux ce jour-là.

---

3 **promettre qc** garantir qc – 6 **en trombe** de façon brusque – 7 **une voie** (Fahr-)Spur – 18 **faire une farce à qn** jdm einen Streich spielen – 18 **un portefeuille** étui où on met ses billets de banque et ses documents comme le passeport – 22 **la peau** Haut – 22 **vif, vive** qui observe avec curiosité et remarque tout – 23 **espiègle** qui aime faire des farces

– Venir au Sénégal devait être son plus beau cadeau. Nathan aurait adoré découvrir l'Afrique, répond Seydou, visiblement désolé.

Je me rends compte, alors, que ce voyage avec son fils était très important à ses yeux. J'aurais aimé dire quelque chose pour lui remonter le moral, mais je ne trouve rien. En le regardant ranger la photo, je lui fais remarquer que le Sénégal n'est pas si loin que ça et qu'une autre occasion se présentera certainement. En tout cas, moi, j'aimerais beaucoup faire la connaissance de Nathan.

Nous traversons bientôt les quartiers populaires. De chaque côté de la route défilent des immeubles, des baraques, des échoppes, et aussi des moutons et des chèvres. Près d'une mosquée, des mendiants, assis le long d'un mur, attendent patiemment l'aumône que les fidèles leur feront. Cela porte chance d'aider son prochain.

Un peu plus tard, comme nous arrivons à la périphérie, Seydou s'étonne de voir ce grand nombre de maisons inachevées.

– Ah, ça, patron, ce sont les maisons Western Union ! s'exclame le taximan en rigolant. Tu sais ce que c'est ?

– Non, aucune idée…

– Ce sont les maisons des émigrés. Quand ils viennent en visite au pays, ils achètent un terrain pour leur retraite et confient la construction à un membre de leur famille. Ensuite, ils envoient l'argent pour les travaux par Western Union. Regarde… il y a le

---

6 **remonter le moral à qn** faire/dire qc à qn pour qu'il devienne de nouveau plus optimiste – 9 **faire la connaissance de qn** rencontrer qn ; connaître qn – 10 **un quartier populaire** quartier où les travailleurs habitent – 11 **une échoppe** petite boutique très simple – 12 **un mouton** Schaf – 13 **patiemment** *adv* → patient – 13 **une aumône** argent donné à un mendiant – 14 **un fidèle** personne qui pratique une religion – 15 **une périphérie** Stadtrand – 16 **inachevé, inachevée** qui n'est pas terminé – 17 **Western Union** *ein US-amerikanischer Anbieter von Geldüberweisungen ins Ausland* – 21 **un terrain** Grundstück – 21 **la retraite** moment dans la vie où on ne travaille plus à cause de l'âge – 21 **confier qc à qn** jdm etw anvertrauen, übertragen

mur et derrière, il n'y a rien! Tu comprends, l'argent n'arrive pas toujours. Il disparaît, parfois, aussi.

Sur des kilomètres, en effet, nous ne voyons que des habitations inachevées et des terrains vagues. On dirait une cité fantôme. Je sors mon petit cahier et note l'expression « maison Western Union ». Depuis le début de mon aventure, j'écris un journal pour ne rien oublier. Je fais des dessins, aussi, quand j'ai le temps. Là, j'en fais un d'une maison sans toit, sans porte et sans fenêtre.

– Dis-moi, patron, reprend Ali, à propos d'habitation, ton père, il est d'ici, n'est-ce pas ?

– Comment tu sais ça ? C'est Yao qui te l'a dit ?

– Tu es un homme célèbre, ne l'oublie pas ! On te voit à la télévision et il y a des articles sur toi dans le journal. Dès qu'un de tes films sort, on est au courant. Alors, dis-moi : la terre de tes ancêtres, elle est où exactement ?

– Un village qui s'appelle Thialaga, tu connais ? demande Seydou.

– Ça me dit quelque chose… Je crois que c'est au nord, vers la frontière avec la Mauritanie. On va trouver l'endroit, ce n'est pas un problème. On peut y aller après Kanel si tu veux…

– Non, c'est impossible, j'ai mon avion à prendre. On dépose Yao et on rentre directement à Dakar demain matin, comme convenu.

– Voyons, patron ! C'est la terre de tes ancêtres, quand même ! répond l'homme sans cacher sa désapprobation. Tu ne peux pas ne pas y aller !

– Oh, tu sais, mes ancêtres, ils m'ont abandonné à Paris. Ça fait longtemps qu'ils ne s'occupent plus de moi !

---

3 **en effet** il est vrai – 4 **un terrain vague** terrain qui n'est pas (encore) utilisé et dont personne ne s'occupe – 25 **la désapprobation** mécontentement – 27 **abandonner qn** laisser une personne toute seule

– Tu ne peux pas dire des choses pareilles, patron. Tes ancêtres, ils te protègent toujours. Tu peux être à Paris, à Londres ou à New York, ils sont là, fait-il en se frappant la poitrine du côté du cœur.

Seydou ne fait aucun commentaire et regarde avec beaucoup d'attention le marché installé sur les bords de la route. Je sens qu'il est tendu. À la réaction d'Ali, il a dû se rendre compte que sa remarque était déplacée. Ici, on respecte les ancêtres, c'est dans nos croyances. Et j'en suis fier. Quand mon grand-père est mort, on m'a dit qu'il n'était pas parti. Qu'il était encore avec nous, dans le vent, dans la lumière, dans les arbres, partout. J'ai du mal à imaginer que personne n'ait expliqué ça à Seydou. Et je commence à m'inquiéter pour lui car, parfois, il est trop sec avec les gens – comme s'il pensait avoir toujours raison.

Nous roulons au pas, maintenant, la foule autour de nous. Des gens frôlent le taxi ou passent devant sans se presser. Les vendeuses ont étalé leurs produits par terre, sur des tissus ou sur des caisses : poissons séchés, fruits, piments, avocats, savons, bougies… Comme nous sommes obligés de nous arrêter devant une petite boutique de boissons, Seydou en profite pour descendre acheter des bouteilles d'eau. Des jeunes filles assises non loin le supplient d'acheter leurs fruits. Il se laisse convaincre et choisit des bananes et des oranges.

---

1 **pareil, pareille** *ici :* solche – 3 **une poitrine** Brust – 5 **un bord de la route** Straßenrand – 6 **tendu, tendue** nerveux à cause d'un problème – 7 **une remarque** *ici :* un commentaire/une observation (critique) – 8 **les croyances** Glaubensüberzeugungen – 10 **la lumière** ce qui rend clair le jour – 10 **avoir du mal à faire qc** avoir des difficultés à faire qc – 12 **sec, sèche** sans eau *ici : fig* brusque; pas très gentil – 15 **frôler qc** passer très près de qc ; toucher presque qc – 16 **étaler qc** poser qc quelque part pour qu'on puisse bien voir – 16 **une caisse** objet souvent en bois pour transporter des marchandises – 17 **sécher** → sec – 17 **un piment** Chili – 17 **un savon** Seife – 20 **supplier qn** ne pas s'arrêter à demander qc à qn

Soudain, un sifflement strident vient perturber l'atmosphère paisible du marché. Un bruit de ferraille grossit, grossit, grossit… Un nouveau sifflement se fait entendre et la foule va sur le côté. C'est alors que nous voyons un train arriver ! En plein milieu du marché ! Il passe à toute vitesse dans un nuage de poussière. D'où peut-il bien sortir, ce train ? Personne n'a l'air étonné. Puis, une seconde après le passage du dernier wagon, tout revient à la normale. Les marchandes reprennent leurs bavardages avec leurs voisines.

Ali a profité de l'arrêt pour discuter avec un grand type au crâne rasé, lunettes noires et débardeur américain, qui s'engouffre dans notre voiture avec son sac. Il s'installe à côté du chauffeur.

– C'est un cousin, nous informe Ali avec un sourire en coin. On va le déposer un peu plus loin, sur la route…

Seydou, de retour avec ses fruits, aurait quand même attendu qu'on lui demande la permission. Je lui chuchote qu'au Sénégal, quand tu as une voiture, elle n'est jamais à toi tout seul.

Après avoir quitté le marché, le taxi prend une grande voie déserte qui s'enfonce dans un paysage aride et monotone. Il fait de plus en plus chaud. Les fenêtres sont ouvertes, mais nous transpirons à grosses gouttes.

– Il fait chaud, non ? Vous ne trouvez pas ? souffle Seydou, très fatigué.

Ali hausse les épaules et répond :

– Oui, en effet, il fait chaud, patron, on est au Sénégal.

---

1 strident, stridente ≠ doux – 1 perturber *ici :* stören, beeinträchtigen – 2 paisible → paix (Frieden) – 2 la ferraille quelque chose de métallique – 2 grossir devenir plus fort – 8 un bavardage → bavarder (p. 34) – 11 rasé, rasée où les cheveux ont été complètement coupés – 11 un débardeur Tanktop – 13 en coin *ici :* verschmitzt – 16 chuchoter parler à voix basse – 19 s'enfoncer dans qc *ici :* sich in etw. verlieren – 21 à grosses gouttes beaucoup; énormément (une goutte = Tropfen) – 22 souffler schnaufen – 24 hausser les épaules mit den Schultern zucken

Après ça, Seydou, contrarié par la remarque du taximan, reste silencieux. De toute façon, parler demande trop d'énergie dans cette canicule. Nous n'avons qu'une envie : arriver au plus vite. Je suis désolé pour Seydou qui n'a pas l'air bien du tout. J'aurais dû lui dire de prendre une voiture climatisée ; ce vieux taxi n'est pas fait pour lui. J'étais tellement heureux qu'il m'accompagne à Kanel que je n'y ai pas pensé.

Brusquement, le grand type, qui dodelinait de la tête depuis un moment, se réveille et indique un arbre au bord de la route en déclarant :

– Je descends ici, arrête.

Autour de nous, à part cet arbre, il n'y a rien. Aucun signe de vie. Pourtant, notre compagnon ramasse son sac, nous salue et descend.

Le chauffeur redémarre après avoir lancé :

– Tu diras bonjour à la famille !

À travers la lunette arrière, Seydou regarde disparaître la silhouette de l'homme qui s'éloigne d'un pas tranquille à travers la savane aride.

– Où va-t-il ? demande-t-il, intrigué.

– Il va là où il veut aller, répond le taximan d'un air mystérieux. Toi, tu ne le vois pas, mais il y a toujours un chemin qui mène quelque part.

Le paysage n'a pas changé depuis une centaine de kilomètres. Savane desséchée et austère. Seydou somnole, la chaleur l'a fatigué. Moi aussi, j'ai envie de dormir mais je préfère rester éveillé pour

---

1 **contrarié, contrariée** mécontent à cause de qc – 3 **une canicule** chaleur extrême – 8 **dodeliner de la tête** faire de petits mouvements avec la tête – 12 **à part** sauf – 17 **à travers** durch – 17 **une lunette arrière** vitre arrière – 25 **desséché, desséchée** désertique parce qu'il ne pleut pas – 25 **austère** où il n'y a pas ou très peu de végétation – 26 **éveillé, éveillée** wach

surveiller la route. Je me sens responsable de Seydou. Je garde un peu d'eau en réserve pour lui car sa bouteille est vide à présent. C'est lui l'adulte qui me raccompagne chez moi, mais j'ai l'impression que c'est moi qui dois veiller sur lui car les réalités du pays, de toute évidence, il ne les connaît pas bien.

Seydou est toujours endormi quand le chauffeur ralentit et s'arrête sur le côté de la route. Il m'informe qu'il doit aller « quelque part » et qu'il n'en a pas pour longtemps. Je le regarde s'éloigner dans la brousse et sors à mon tour pour me dégourdir les jambes et manger une orange.

Alors qu'un car nous dépasse, Seydou se réveille, me voit dehors et me demande où est passé Ali. À la place d'une réponse, j'indique du doigt quelques arbres poussiéreux et maladifs qui barrent l'horizon.

– Mais… il est parti comme ça ? me demande-t-il, perplexe. Il a dit quoi ?

Je hausse les épaules.

Exaspéré, Seydou sort de la voiture et fait les cent pas. Il essaie d'appeler avec son téléphone mais il n'y a pas de réseau. Ou très peu.

– Allô ?…, crie-t-il. Tu m'entends ?… Allô… Zut, ça ne marche pas !

Seydou s'énerve de plus en plus. En plein soleil, ce n'est pas bon du tout ; il va finir par se sentir mal. Et puis, pourquoi faire toute une histoire parce que le chauffeur s'est absenté un moment ? Mais je dois dire que je le trouve un peu bizarre, Ali. Il était fier de conduire un acteur célèbre dans sa voiture et, pourtant, il n'hésite

---

4 **veiller sur qn** faire attention pour que la personne ne soit pas en danger – 9 **à mon tour** meinerseits – 9 **se dégourdir les jambes** faire quelques pas pour bouger un peu – 13 **poussiéreux, poussiéreuse** → poussière p. 65 – 13 **barrer l'horizon** empêcher qu'on voit l'horizon – 18 **exaspéré, exaspérée** très énervé – 18 **faire les cent pas** aller et venir en attendant quelque chose avec impatience

pas à lui faire un coup pareil. Et moi, je me retrouve coincé au milieu.

Quoi qu'il en soit, je ne peux pas laisser Seydou dans cet état. Je rentre dans la voiture, ouvre mon sac et en sors ma casquette aux couleurs du Sénégal : vert, jaune et rouge. Sans un mot, je la lui donne et cela a l'air de le calmer un peu. Je le trouve marrant avec ma casquette sur sa tête. Elle est trop petite pour lui, mais, au moins, elle le protège un peu du soleil. Je suis soulagé qu'il ait arrêté de rouspéter mais je sens qu'il n'est toujours pas tranquille. Après quelques minutes de silence, il me demande si le chauffeur va revenir.

– Bien sûr, dis-je pour le rassurer.

On bavarde un peu pour passer le temps ; il n'y a rien d'autre à faire.

– Allez, viens, on va le chercher ! lance-t-il en se levant brusquement. Il y a peut-être des habitations derrière ces arbres…

---

1 coincé, coincée *fam ici :* qui ne peut rien faire – 3 quoi qu'il en soit wie dem auch sei – 8 soulagé, soulagée ≠ inquiet – 9 rouspéter *fam* exprimer son mécontentement

7 La vieille Peugeot

Nous marchons jusqu'aux arbres et, bientôt, un village apparaît au bas de la colline. Quand nous arrivons aux premières habitations, les villageois nous saluent poliment et nous regardent passer avec curiosité. Plus loin, des hommes assis à l'ombre d'un acacia jouent aux cartes en écoutant une radio posée sur une petite table. Seydou s'approche d'eux et leur demande s'ils ont vu passer un homme qui porte une chemise rouge. Comme personne ne comprend son français, je traduis rapidement en wolof et tous se mettent à rigoler. Seydou ne comprend pas cette réaction et veut savoir ce qu'il y a de drôle, mais je n'en ai aucune idée. L'un des hommes nous montre alors une case, un peu plus loin.

– Il est là-bas, déclare-t-il en continuant à rire. Seydou décide d'ignorer leur comportement bizarre et se dirige vers la case indiquée. Il frappe à la porte en bois sculpté ; on entend du bruit à l'intérieur, mais personne n'ouvre. Alors il frappe un peu plus fort et une jeune femme finit par ouvrir. Elle semble étonnée de le voir, mais cela ne l'empêche pas de l'accueillir avec le sourire. Ensuite, elle se retourne et s'adresse en wolof à quelqu'un derrière elle. Ali apparaît alors sur le pas de la porte, l'air innocent.

– Ah, tu es là, patron, comment ça va ?

– Mais qu'est-ce que tu fais ici ? lui demande Seydou, très énervé. Ça fait un siècle qu'on t'attend ! C'est vraiment pas possible !

– Je te présente Fatimata, ma fiancée, dit le taximan en mettant ses bras autour de la taille de la jeune femme. On va bientôt se marier.

---

2 une colline Hügel – 11 une case maison très simple, souvent en paille, dans les villages d'Afrique noire – 13 un comportement → se comporter (p. 33) – 15 à l'intérieur ≠ dehors – 19 un pas *ici :* Schwelle – 24 une fiancée Verlobte

Il ne semble pas du tout gêné par la colère de Seydou. Au contraire, il est fier d'expliquer à Fatimata qu'il conduit le grand acteur dans sa propre voiture ! Puis il nous annonce qu'il va y avoir un repas. Le frère de Fatimata apporte aussitôt des chaises pendant que la fiancée se dirige vers la cuisine où l'on aperçoit un fourneau et des casseroles noircies par la fumée. Des femmes arrivent pour l'aider, mais Seydou n'est pas d'humeur à faire la fête.

– OK, c'est très gentil, mais non, merci, dit-il froidement. Nous devons repartir tout de suite.

– D'accord, répond le chauffeur qui n'arrive pas à comprendre pourquoi Seydou est si pressé. On se détend d'abord un peu et puis on y va, pas de problème.

– Écoute-moi bien, Ali, j'en ai assez d'attendre. Tu nous as laissés dans la voiture sans prévenir. Maintenant, c'est assez, on part !

– Mais, patron, la route ne va pas disparaître. L'heure de Dieu est la bonne heure…

Seydou est à bout de nerfs. Il élève la voix, rappelle au taximan qu'il a un avion à prendre, des rendez-vous très importants à Paris, etc., et qu'ils étaient convenus qu'ils seraient de retour à Dakar demain au plus tard. La situation risque de dégénérer. J'interviens en wolof pour essayer de convaincre Ali, mais en vain : il refuse toujours de partir, car ce serait un affront à la famille de sa fiancée. L'hospitalité ne se refuse pas, insiste-t-il avant de s'adresser de nouveau à Seydou :

– Le fonio au mouton grillé, tu as déjà goûté ?

Seydou secoue la tête.

---

3 **propre** qui est à lui – 4 **aussitôt** tout de suite – 5 **un fourneau** Herd – 6 **une casserole** Topf – 11 **se détendre** se reposer – 16 **l'heure de Dieu** = quand Dieu dit qu'il est temps – 20 **convenir de qc** se mettre d'accord sur qc – 21 **dégénérer** devenir très mauvais et incontrôlable – 23 **un affront** manque de respect – 24 **l'hospitalité** *f* accueil qu'on offre à quelqu'un – 26 **le fonio** *Art Hirse, besonders in Westafrika angebaut*

– C'est une histoire d'argent, c'est ça ? s'emporte-t-il. Combien tu veux en plus ?

– Je t'ai dit que je t'emmenais, je t'emmènerai, répond le taximan, vexé qu'on pense qu'il n'est pas honnête. Ton avion, il est à quelle heure ?

– Décollage demain, à 23 heures pile !

– Bon, alors, c'est ce que je te disais, il n'y a aucun problème… Si besoin, on prendra un raccourci, c'est simple.

– Quel raccourci ? tonne Seydou.

– Y a toujours un raccourci, patron. Calme ton cœur, murmure le chauffeur. Tout va bien se passer, assieds-toi tranquillement.

Je ne sais plus quoi faire pour arranger la situation. Si je demande à Seydou de rester, il risque de se fâcher contre moi. Mais nous sommes dans un coin perdu et si le chauffeur nous lâche, on aura un grand problème !

Je réalise, tout à coup, qu'un homme nous écoute, allongé à côté d'une moto.

– Moi, j'ai une voiture, lance-t-il à haute voix en se levant pour s'approcher de nous.

– Pardon ? Vous avez dit une voiture ? demande Seydou, très intéressé.

– Oui, c'est ça. Je ne peux pas vous emmener, mais si tu veux, je te vends ma voiture. Pas cher du tout. C'est une marque française, du solide, tu peux traverser tout le pays avec ton fils…

– Ce n'est pas mon fils, précise Seydou. À propos de la voiture, c'est sérieux ?

Quand Ali sent que la situation commence à se retourner contre lui, il devient furieux et reproche au propriétaire de la voiture de

---

1 **s'emporter** parler en colère – 4 **vexé, vexée** gekränkt – 4 **honnête** qui a un comportement correct – 6 **un décollage** départ d'un avion – 6 **à 23 heures pile** *fam* très exactement à 23 heures – 9 **tonner** wettern – 14 **lâcher qn** ne plus s'occuper de qn – 27 **se retourner contre qn** devenir très difficile pour qn

lui voler son client. Les deux hommes se querellent en wolof et j'ai peur qu'ils aillent se battre. Seydou, qui n'arrive pas à suivre, me demande ce qui se passe. Je lui explique que le chauffeur est en colère et que, de toute façon, il faudra lui payer le voyage jusqu'à Kanel.

– Oui, ça va pas, chef, se plaint Ali. Moi, je suis parti de Dakar avec toi, j'ai perdu des clients, je t'ai fait confiance et maintenant, tu veux me laisser tomber pour acheter une voiture ?

– Si ça ne te plaît pas, alors retourne dans ton taxi et on s'en va tout de suite !

– Je t'ai dit qu'on doit d'abord goûter la nourriture que la famille de Fatimata a préparée pour nous. Cela ne prendra pas beaucoup de temps. C'est une question de politesse…

Seydou soupire de déplaisir. Après une conversation compliquée sur le prix à payer pour le trajet jusqu'ici, les deux hommes finissent par se mettre d'accord. Le chauffeur empoche l'argent. Seydou se tourne vers le vendeur et lui propose d'aller voir sa voiture.

Comme nous marchons à travers le village, des enfants courent derrière nous en riant. J'arrive à les convaincre de nous laisser tranquilles … Quand j'étais petit, à Kanel, je faisais la même chose aux touristes. C'est la première fois que ça m'arrive d'être suivi par une bande de gamins.

Dans une cour pleine d'objets de récupération, de ferraille et de bidons, nous découvrons une vieille Peugeot, poussiéreuse et rouillée. Je me demande si cet achat est une bonne idée. Le vendeur ne m'inspire pas confiance et j'ai envie de dire à Seydou

---

1 **se quereller** se disputer – 2 **suivre** *fig* comprendre – 7 **faire confiance à qn** croire ce que quelqu'un dit ou promet – 15 **un trajet** chemin qu'on a fait ou qui est à faire – 16 **empocher qc** → la poche – 23 **un gamin** *fam* enfant – 24 **un objet de récupération** vieil objet qui peut encore servir – 25 **un bidon** Kanister – 26 **rouillé, rouillée** rostig

d'abandonner son projet mais il est déjà trop tard : il a pris la clé, s'est installé au volant et a fait démarrer la voiture. Il écoute le bruit du moteur, teste les pédales et les commandes.

– OK, c'est bon, dit-il finalement. Combien ?

– 1 000, répond le vendeur. Je veux dire... 1 000 euros. En plus, y a beaucoup d'essence dedans.

– Tu rigoles ou quoi ? Voilà 700 cash. C'est tout ce que j'ai.

– Aïeeeee... C'est pas bon du tout ! Cette voiture, y a beaucoup de gens qui veulent la prendre. Dans le village même...

– OK, OK, 800 cash et tu nous dis comment on arrive jusqu'à Kanel.

– D'accord... mais je fais ça pour t'aider parce que, moi, je perds beaucoup. C'est pas le prix. Bon, je connais Kanel, je vais t'expliquer, c'est facile...

Pendant que le vendeur nous explique le chemin, je prends des notes dans mon cahier et marque les endroits importants où nous allons passer. Je lui demande de parler moins vite parce qu'il dit à droite, à gauche, demi-tour, tout droit à chaque phrase, et que je n'arrive pas à suivre. Je n'ai pas envie qu'on se perde ; Seydou a son avion à prendre et moi, maman, papa, ma petite sœur et les copains commencent à me manquer.

3 une commande Bedientaste, Steuerungselement – 6 l'essence *f* Benzin – 6 dedans ≠ dehors

8 En route pour de nouvelles aventures

Au volant de la vieille Peugeot, Seydou prend la piste qui s'éloigne du village. Assis à côté de lui, je l'observe. Il est toujours contrarié.

– Pourquoi tu me regardes comme ça, qu'est-ce qu'il y a ?

– Rien, monsieur Tall.

– Je suis redevenu « monsieur Tall », maintenant ? Je vois bien que tu es fâché contre moi.

– Je suis pas fâché… Mais ça ne se fait pas…

– Quoi ?

– De partir comme ça.

– Mais enfin, Yao, sois raisonnable, ce n'est pas de ma faute ! C'est Ali qui nous a lâchés.

– Peut-être, mais la famille de sa fiancée était en train de faire la cuisine pour nous. On aurait dû rester.

– Écoute, chez moi, ça ne marche pas comme ça. Quand je paye quelqu'un pour faire un travail, il faut qu'il le fasse. Et correctement !

– C'est où « chez vous », monsieur Tall ?

Il ignore ma question et fixe son regard sur la route. Il joue un moment avec les boutons de la radio et, miraculeusement, de la musique sort des haut-parleurs. Je le sens se détendre un peu. La chaleur a un peu baissé et nous nous sentons mieux. Des camions de marchandises nous dépassent à toute vitesse. Plusieurs fois, des voitures en panne apparaissent au bord de la route.

Depuis que nous sommes repartis, quelque chose me passe par la tête et je me décide à parler :

– Pourquoi tu as dit que je n'étais pas ton fils ?

– C'est la vérité, non ? Tu n'es pas mon fils.

---

7 **être fâché, fâchée contre qn** sich über jdn ärgern – 11 **raisonnable** qui réfléchit bien – 19 **un bouton** petit objet pour régler quelque chose – 19 **miraculeusement** *adv* de façon inattendue

– Les gens, ils ne pensent pas comme ça. On est ensemble, c'est comme si… D'ailleurs, où est-ce qu'il habite ton fils ?

– Pourquoi est-ce que tu me poses cette question ?

– Parce que tu as dit que l'anniversaire de Nathan s'était passé dans ton appartement.

– Dis donc, rien ne t'échappe, toi ! Sa mère et moi, on est séparés. Enfin, on est en train de se séparer, alors il habite chez sa mère et chez moi.

– Moitié-moitié, quoi ?

– Oui, c'est ça…

– C'est dommage… Elle est belle, sa maman ?

– Oui, je crois. En tout cas, moi, je la trouve belle.

– Alors pourquoi vous vous entendez pas bien ?

– Eh, tu es bien curieux, toi ! Écoute, ce sont des affaires de grands, ça… Bon, tu sais, c'est bien d'être acteur mais parfois, pendant le tournage d'un film, il m'arrive d'être absent de chez moi pendant plusieurs mois d'affilée. Et quand je rentre, je ne suis jamais à la maison. Elle a fini par en avoir assez.

– Pardon, je ne savais pas que c'était si difficile, la vie d'artiste. Tu dois manquer à ton fils aussi, non ?

– Bien sûr. Il me le dit souvent. La dernière fois, je n'ai pas pu aller à la fête de fin d'année de son école car j'étais en tournage dans un autre pays. Je ne me souviens jamais du nom de sa maîtresse. L'autre jour, il était fâché parce que j'ai oublié de l'emmener au cirque, comme promis.

– Oh, là, là, je vois que ce n'est pas très drôle, tout ça !

– Tu peux le dire. En plus, Nathan n'aime pas beaucoup habiter dans deux endroits différents. Il se plaint qu'il ne retrouve pas ses jouets parce qu'il ne sait jamais où ils sont. Par exemple, une partie

---

2 **d'ailleurs** übrigens – 6 **Rien ne t'échappe.** Tu remarques tout. – 16 **un tournage** action de faire un film – 17 **d'affilée** sans interruption

de son costume d'astronaute est chez moi et l'autre chez sa maman. Il affirme que, dans ces conditions, il ne pourra jamais aller sur la lune…

– C'est pas vrai… Il veut être cosmonaute, lui aussi !?

– Ne m'en parle pas, c'est son obsession !

– Moi, mon rêve, c'est d'aller sur Mars. Tu sais, dans quelques années, les hommes pourront habiter sur cette planète.

– Formidable ! Et on pourra tous y aller ?

– Euh… malheureusement, ce n'est pas pour tout le monde. En fait, je me demande ce qui est mieux : l'espace ou les océans. ? Mais peut-être que je n'irai nulle part, après tout… J'aurai sûrement trop peur, je n'ai jamais vu la mer de ma vie.

– Toi ? Tu n'as peur de rien, toi.

– Ah si, il y a pas mal de choses qui me font peur ! Je n'aime pas être dans le noir, surtout quand je lis un livre fantastique avant de m'endormir. Ça ne t'a rien fait *Vingt mille lieues sous la mer* ? Tu sais, quand le sous-marin s'enfonce de plus en plus sous l'eau et qu'il y a des pieuvres géantes partout ?

– Tu veux que je te dise ? Je n'en sais rien, je ne l'ai pas lu.

– Quoi ? Tu n'as pas lu Jules Verne !?

– Ben non, tu vois, je n'ai pas lu Jules Verne. Dans ma banlieue, on ne lisait pas beaucoup… Les bibliothèques, c'étaient pour les filles !

– À Kanel, nous, on a la bibliothèque Nelson Mandela. C'est la seule qui existe. Elle est toute petite mais, mes copains et moi, on y est tout le temps.

---

5 **une obsession** idée fixe qui se met dans la tête de qn – 10 **l'espace** *m* Weltraum – 16 **une lieue** *anc* Meile (à peu près 4 km) – 17 **un sous-marin** U-Boot – 17 **s'enfoncer** *ici :* abtauchen – 18 **une pieuvre** Krake – 20 **Jules Verne** *écrivain français (1828–1905) célèbre pour ses romans de science-fiction* – 24 **Nelson Mandela** *(1918–2013) militant (= Aktivist) et homme politique qui luttait contre l'apartheid. Premier président noir de l'Afrique du Sud entre 1994–1999*

– C'est parce que vous êtes de bons et gentils élèves…

– Il ne faut pas te moquer de moi. OK, mais alors, tu as certainement dû lire *Les Contes d'Amadou Koumba* ? J'adore ces histoires. Leuk-le-Lièvre, c'est le plus intelligent de tous les animaux de la savane, et Bouki-l'Hyène, elle est tellement stupide qu'elle se fait toujours avoir. Ça ne t'a pas fait rire ?

– Tu plaisantes, Yao ? À mon époque, on ne lisait pas des livres comme ça ! Et puis de toute façon, chez moi, à ton âge, si les copains te voyaient entrer à la bibliothèque, t'étais mort. Et quand on y allait, on nous demandait de sortir parce qu'on parlait trop fort.

– Moi, si je vais si souvent à la bibliothèque, c'est parce que mon rêve, en vrai, c'est de devenir écrivain…

– C'est un bon choix pour toi, m'encourage Seydou. Avec ton imagination et ton sens de l'aventure… Je me souviens que mes rêves à moi étaient très loin des livres. C'est beaucoup plus tard, grâce au cinéma, que j'y suis arrivé.

– J'ai du mal à croire qu'en France il soit plus compliqué de lire que chez nous. Tout le monde sait que là-bas, ils ont tout : de grandes bibliothèques, des écoles avec des ordinateurs, beaucoup de professeurs et de maîtresses. Alors que chez nous, il n'y a pas grand-chose. Notre école est petite et on est nombreux dans la classe. Parfois, on n'a qu'un seul livre à deux ou à trois pour suivre une leçon. Et papa se plaint que les fournitures scolaires lui coûtent trop cher.

Je dis à Seydou qu'à part pour la lecture, ça doit être bien d'habiter en France car il y a de l'argent et tout le monde a une

---

2 **se moquer de qn** ≠ respecter qn – 6 **se faire avoir** *fam* reinfallen; sich täuschen lassen – 7 **plaisanter** se moquer ; ne pas être sérieux – 14 **un choix** → choisir – 15 **un sens** fait de comprendre et d'aimer qc sans y réfléchir beaucoup – 24 **les fournitures** *fpl* **scolaires** matériel dont un élève a besoin à l'école

chance de réussir. Il m'écoute en hochant la tête et me fait remarquer qu'en France, c'est dur aussi. Pas de la même manière, bien sûr, mais que ce n'est pas facile pour tout le monde. Lui a réussi à s'en sortir, mais beaucoup de ses camarades ont échoué et se sont retrouvés sans rien. Il m'explique qu'il faut se méfier des belles images qu'on voit à la télévision parce qu'elles ne montrent pas les cités HLM surpeuplées, les jeunes au chômage et le mécontentement.

– Tu sais ce que c'est un HLM ? me demande-t-il. C'est un grand immeuble avec plein de gens de toutes les nationalités dedans, surtout des Noirs et des Maghrébins. Et les HLM sont loin des beaux quartiers.

Quand il était jeune, Seydou habitait dans un HLM avec sa famille : ses parents et ses neuf frères et sœurs.

Il reprend d'une voix émue :

– Malgré tout, la France, elle est très importante pour moi. C'est là que je suis né, là que j'ai grandi, là que mes parents habitent. Enfin, c'est mon pays et je lui dois tout.

Il essaie de me faire comprendre qu'il a le sentiment de faire partie d'une communauté. Une vraie communauté où les gens s'entraident quand ils ont des problèmes. Il a passé de bons moments dans sa cité – surtout le week-end, quand il retrouvait ses copains sur la place au milieu des tours. C'était comme si elles les protégeaient, ces tours. Devant, derrière, il n'y avait que ça : des immeubles, plein de fenêtres et derrière chaque fenêtre, une personne, un couple ou des familles entières.

---

1 **réussir** *ici :* avoir du succès (*angl.* success) dans la vie – 2 **de la même manière** exactement pareil – 4 **s'en sortir** quitter un milieu qui n'offre pas la possibilité d'avoir un bon travail et une bonne vie – 5 **se méfier de qc** ne pas croire tout de suite ce qu'on entend ou voit – 7 **une cité** un grand quartier – 7 **surpeuplé, surpeuplée** où il y a trop d'habitants – 11 **un Maghrébin** personne qui vient du Maghreb = l'Algérie, la Tunisie, le Maroc – 15 **ému, émue** plein d'émotion – 18 **devoir qc à qn/qc** *ici :* avoir eu des chances grâce à qn/qc – 20 **une communauté** groupe social qui a les mêmes intérêts, la même culture – 21 **s'entr'aider** s'aider l'un l'autre – 23 **une tour** *ici :* Hochhaus

Seydou et ses copains se rencontraient autour d'une sculpture qui ressemblait à un obélisque. Les filles restaient de leur côté. Elles avaient les cheveux tressés, comme ici, sauf qu'elles portaient des jeans moulants et qu'elles avaient un accent parisien. Les plus jeunes pédalaient sur de petits vélos en plastique pendant que leurs mamans, habillées en boubou ou en djellaba, les surveillaient en discutant avec leurs voisines du prix élevé de la vie.

Quand il avait quatorze ans, Seydou a fait partie d'une bande de quartier. Les plus chanceux travaillaient déjà et avaient des scooters. Ils paradaient alors avec leurs petites amies. C'est à la cité qu'il a appris à jouer au basket et qu'il écoutait de la musique pendant des heures en inventant de nouveaux mouvements de breakdance. Il imaginait des rôles qu'il jouait à ses copains, qui étaient son premier public. Mais certains ont commencé à mal tourner. Ils étaient impliqués dans des histoires de vol qui leur attiraient des problèmes avec la police ; il y avait des bagarres entre bandes rivales. Quand l'un de ses amis a été blessé par un coup de couteau, Seydou a décidé de quitter le quartier. C'est comme ça qu'il est parti de chez lui pour tenter sa chance ailleurs.

J'imagine Seydou enfant : un jeune noir que rien ne distingue des autres, à part peut-être l'espoir dans ses yeux. Comment sait-on si quelqu'un va réussir ou s'il va échouer ?

– J'ai une question…

– Sans blague ? s'exclame-t-il, un sourire en coin.

– Pourquoi tu ne parles pas beaucoup de ton père dans ton livre ?

---

3 **tressé, tressée** geflochten – 4 **moulant, moulante** eng anliegend – 6 **une djellaba** *arab* longue robe à manches longues portée par les hommes et les femmes en Afrique du Nord – 10 **un scooter** Motorroller – 15 **être impliqué, impliquée dans qc** in etw. verwickelt sein – 16 **une bagarre** combat – 18 **un coup de couteau** Messerstich – 19 **tenter sa chance** faire quelque chose pour essayer de réussir – 20 **distinguer qn de qn** rendre qn différent à qn d'autre – 21 **un espoir** → espérer

– Mon père est quelqu'un qui garde les choses pour lui. Je ne sais pas très bien pour quelle raison, mais moi, je l'ai toujours connu ainsi.

– Pourquoi il n'est jamais revenu à Thialaga, ton père ? Il aurait pu t'emmener.

–Tu sais combien ça coûte, un billet d'avion pour le Sénégal ? Et puis, je n'étais pas tout seul, il y avait mes frères et sœurs aussi.

– Je suis sûr qu'il doit y avoir une autre raison…

– Tu ne t'arrêtes jamais, toi, hein ? Mais maintenant que j'y pense, je crois que tu as raison. Ma mère m'a expliqué un jour qu'elle venait d'une famille noble. Elle n'avait pas le droit d'épouser mon père qui était le fils d'un simple commerçant. Tu connais les problèmes de castes, ici… Mais ils s'aimaient, et quand il a eu l'occasion de partir travailler en France dans une usine Peugeot, ils se sont enfuis. On ne lui a jamais pardonné…

– Ils pourraient revenir tous les deux, lui dis-je, convaincu que tout peut s'arranger. Aujourd'hui, ce n'est plus pareil.

– J'en sais rien, moi, répond Seydou. C'est leur histoire.

Comme nous passons devant un magnifique baobab qui s'élève en bord de route, Seydou s'arrête pour le voir de près. Il sort de la voiture et fait quelques pas vers l'arbre, sort son iPhone et le prend en photo pour Nathan… L'arbre est gigantesque,. Ses branches tortueuses se dressent vers le ciel bleu azur.

– Tu sais, quand j'étais petit, directement devant ma chambre à Trappes, il y avait un arbre que j'aimais beaucoup mais dont je ne connaissais pas le nom, me raconte-t-il. J'ai ramassé une feuille et je l'ai apportée à ma prof de sciences naturelles, Mlle Castaing.

---

11 noble adlig – 11 épouser qn jdn heiraten – 12 un commerçant personne qui achète et vend des marchandises – 14 une usine entreprise – 15 s'enfuir partir vite sans rien dire à personne – 22 une branche Ast – 23 tortueux, tortueuse verdreht – 27 les sciences naturelles *fpl* biologie

Elle était super. Je lui ai demandé quel était cet arbre et elle m'a appris que c'était un charme. Ouais, un charme devant ma fenêtre ! J'étais trop content...

– Un charme ? J'ai jamais entendu parler de ça.

– C'est un très bel arbre avec un feuillage très épais. Je voyais ses branches danser quand il y avait du vent. C'était un bon copain.

– Ah oui, pourtant des copains, tu en avais plein !

– Bien sûr, mais ce n'était pas pareil. Un arbre, il est là, tranquille et fidèle. Il vit sa vie d'arbre, tu comprends ?

– Oui, bien sûr. Parfois, moi, je me repose sous l'arbre qui est dans notre cour et je compte les feuilles pour m'amuser.

Il me regarde en souriant puis il me demande si j'ai soif.

– Une Gazelle Ananas, ça te dirait ? On va certainement trouver ça un peu plus loin.

Je fais oui de la tête et lui précise que le meilleur truc au monde, c'est une Gazelle Ananas *avec une paille*, surtout quand la bouteille est bien glacée.

– Tu vois, on a déjà deux trucs en commun, m'annonce-t-il en me donnant une petite tape sur le genou. Nos pères sont tailleurs et on aime la Gazelle Ananas. D'ici à chez toi, on va en trouver d'autres.

---

2 un charme Weißbuche – 2 ouais *interj fam* oui – 5 un feuillage ensemble des feuilles d'un arbre – 5 épais, épaisse dicht – 10 fidèle qui ne change pas ; qui reste toujours le même – 14 Ça te dirait ? Tu en as envie ? Cela te plairait ? – 20 un genou Knie

9 Un jour de marché

Nous reprenons la route et, au bout d'une trentaine de kilomètres, nous arrivons à une petite ville. C'est jour de marché, ici aussi ; il y a une grande activité sur la place principale. Nous nous mettons à la recherche de boissons fraîches et de quoi manger. Les vendeurs adressent la parole à Seydou qui s'intéresse à tout ce qu'il voit.

– Je vais peut-être prendre un truc pour Nathan. Tu me conseilles quoi ?

– Est-ce qu'il aime jouer au foot ?

– S'il était là, il te battrait, c'est un champion…

– Ah, mais je suis fort, moi aussi ! Tout le monde joue au foot au Sénégal. À Kanel, chaque quartier a son terrain. Dès la sortie de l'école, si tu cherches un garçon, tu sais où le trouver. Les filles aussi commencent à jouer. Il y a même des matchs super avec elles. Bon, il faut acheter un ballon à Nathan, alors…

– Non, il en a déjà plein. Il faudrait plutôt quelque chose qui vient d'ici.

– Je sais : un maillot de notre équipe nationale, Les Lions ! C'est la meilleure équipe d'Afrique.

Seydou trouve qu'en effet, c'est une bonne idée et on regarde plusieurs maillots dans une petite boutique.

Il se demande quel joueur choisir et je lui donne le nom de mon gardien de but préféré, Tony Sylva. Mais quand il lit l'étiquette du maillot et constate que celui-ci n'est pas fabriqué sur place, il change d'avis.

---

4 **frais, fraîche** ≠ chaud – 18 **un maillot** vêtement de sport qui porte le numéro du footballeur – 18 **Les Lions** – *équipe de foot du Sénégal* (un lion = Löwe) – 23 **un but** Tor (auf das man schießt; das man erzielt) **un gardien de but** joueur qui doit éviter que l'autre équipe marque un but – 24 **constater qc** voir qc; découvrir qc; remarquer qc

Le vendeur est très déçu quand nous nous dirigeons vers un étalage de vêtements en pagne.

– Une chemise, ce serait bien, non ? propose Seydou.

On se met alors à fouiller dans un tas ; on discute des motifs et des couleurs. Le marchand sent qu'il tient un bon client. Il en profite pour sortir tout son stock.

– Regarde, chef, très joli, bien fait, tu ne vas pas trouver de la bonne qualité comme ça ailleurs dans le marché ! crie-t-il en nous proposant aussi des pantalons, des shorts et des gilets.

Il va fouiller dans des cartons et en ressort des robes « pour la femme ou la fiancée » de Seydou, des sacs et même des nappes. Je lui dis en wolof qu'on veut seulement une chemise pour enfant, mais cela ne l'arrête pas. Je l'avertis qu'on va partir, parce que mon « grand frère » est fatigué, et finalement, on arrive ensemble à pouvoir nous concentrer sur le choix entre deux chemises aux mêmes motifs mais aux couleurs différentes. Il insiste pour qu'on prenne les deux et nous garantit qu'il nous fera un bon prix. Pour en finir, j'encourage Seydou à en acheter une pour Nathan et une autre pour lui. Il me demande si j'en veux une aussi mais moi, c'est un foulard rose, juste à côté, qui m'intéresse. Devant son regard étonné, je lui avoue que c'est pour ma petite copine, Oumy. Il me fait un clin d'œil et nous repartons tout contents avec nos trésors.

C'est alors qu'on entend un cri strident. Une dame à qui on a volé son sac. Elle poursuit un jeune homme en hurlant :

– Attrapez-le, attrapez-le !

En une fraction de seconde, l'atmosphère si agréable du marché a complètement changé. Deux hommes ramassent des bâtons et

---

2 **un étalage** endroit où l'on présente des marchandises – 4 **fouiller** *fam* chercher un peu partout – 6 **un stock** toutes les marchandises qu'il peut offrir – 9 **un gilet** Weste – 11 **une nappe** tissu qu'on met sur la table pour le repas – 20 **un foulard** Halstuch – 22 **un trésor** *fig* choses précieuses – 26 **une fraction** très petite partie de quelque chose – 27 **un bâton** Stock

se mettent à courir après le voleur qui court dans notre direction, mais ses poursuivants le rattrapent et lui barrent la route. Il est encerclé de tous côtés ; quelqu'un le saisit par les cheveux et le plaque à terre, il se roule en boule et se prépare à recevoir des coups. La dame a récupéré son sac mais la foule est de plus en plus excitée. Heureusement, des gendarmes arrivent vite, bien décidés à ramener l'ordre.

Seydou me saisit par la main. Nous quittons rapidement le marché et marchons au hasard dans les rues. Enfin, nous nous installons devant une petite buvette et commandons des Gazelle Ananas. Seydou est très nerveux ; il n'arrête pas de regarder à droite et à gauche, comme pour vérifier que personne ne nous a suivis. Comme je l'interroge d'un regard inquiet, il m'explique que cet incident lui rappelle de mauvais souvenirs. Trappes, des années auparavant… L'arme dans la main du chef de la bande rivale… Le coup de couteau… Son ami qui tombe par terre en se tordant de douleur… Les appels aux urgences… L'attente inquiétante et, enfin, la sirène bleue de l'ambulance…

– Le passé est loin derrière nous, murmure-t-il, mais il ressurgit parfois au moment où on s'y attend le moins.

---

2 **rattraper qn** arriver à la hauteur de qn – 2 **barrer la route à qn** empêcher qn de continuer son chemin – 3 **saisir qn** prendre qn rapidement et/ou avec force – 4 **plaquer qn à terre** jdn zu Boden drücken – 4 **se rouler en boule** sich zu einer Kugel zusammenrollen – 7 **ramener qc** faire revenir qc – 9 **marcher au hasard** sans savoir où l'on va – 10 **une buvette** petit local où l'on sert des boissons – 12 **vérifier qc** vouloir être sûr de qc – 15 **une arme** objet dont on se sert pour attaquer qn – 17 **se tordre de douleur** *f* sich vor Schmerz winden – 17 **les urgences** *fpl* service médical qui arrive très vite pour aider qn qui est blessé – 19 **ressurgir** apparaître encore une fois

10 Bienvenue à l'hôtel COPACABANA !

Un chant s'élève non loin de nous, une mélodie en wolof, aux intonations à la fois traditionnelles et modernes. Sur une petite place, une musicienne donne un spectacle devant quelques personnes assises par terre. Elle est très belle. Elle porte une robe flottante et des colliers anciens. De grandes boucles d'oreilles encadrent son visage et ses tresses tombent sur ses épaules. Nous restons debout parmi les curieux, heureux de l'écouter. Elle commence à chanter plusieurs chansons douces et relaxantes qu'elle accompagne de son xalam. C'est un instrument de musique traditionnel recouvert d'une peau de chèvre dont elle tire les cordes avec l'ongle. Le public, de plus en plus nombreux, applaudit très fort. De temps en temps, la jeune femme nous regarde en souriant. Quand la dernière chanson se termine, Seydou dépose un billet sur les pièces de monnaie qui se trouvent déjà dans sa coupelle. Puis, comme nous repartons à la voiture, la chanteuse l'interpelle :

– Hep ! Toi !

Seydou se retourne juste à temps pour attraper l'orange qu'elle lui lance. Elle en prend une deuxième et ajoute :

– Et pour ton fils aussi, tiens, petit…

Je la remercie en prenant le fruit qu'elle me tend.

– Vas-y, mange, mon garçon. Où allez-vous, comme ça ?

– À Kanel, répond Seydou. Il faut qu'on arrive ce soir.

– Ce soir ? Tu plaisantes ? Je ne vous conseille pas de rouler la nuit, la route est dangereuse. Si tu veux, je connais un hôtel où vous pourrez dormir. Tu vois la rue, là ? Tu passes le coin, tu continues tout droit et tu ne peux pas le manquer.

---

5 **flottant, flottante** qui bouge avec le vent – 5 **un boucle d'oreille** bijou qu'on porte à l'oreille – 6 **encadrer** einrahmen – 6 **une tresse** Zopf – 10 **recouvert de qc** mit etw. be-, überzogen – 10 **tirer les cordes** *fpl* die Saiten zupfen – 11 **un ongle** (Finger-)Nagel – 14 **une coupelle** Schälchen – 26 **manquer qc** *ici :* ne pas trouver qc

Seydou regarde sa montre avec un air contrarié. Le soir va bientôt tomber ; les choses ne se passent pas comme prévu. Mais cette fois-ci, il n'a pas le choix ; il a compris qu'ici, il ne pourrait pas faire tout ce qu'il voudrait. Nous allons donc chercher la voiture afin de la garer en sécurité dans le parking de l'hôtel.

La jeune femme nous fait un petit signe de la main pour dire au revoir.

Après quelques hésitations dans les rues de la ville, nous tombons sur le *COPACABANA* dont le nom est écrit en grosses lettres colorées sur la façade. Des couples et des familles bien habillés entrent dans le hall. C'est à la fois un hôtel, un restaurant, un bar et un night-club.

Nous échangeons un sourire. Cela nous amuse de nous retrouver là dans une ambiance joyeuse. Nous ne nous y attendions pas. Pour moi, c'est vraiment une chance car je vais rester un peu plus longtemps que prévu avec Seydou, qui, finalement a l'air heureux de ne pas reprendre la route ce soir.

Notre chambre ne peut pas être comparée avec la luxueuse suite de Dakar : deux petits lits branlants avec des moustiquaires grises de poussière ; pas de ventilateur, une toute petite douche et une fenêtre qui n'ouvre qu'à moitié à cause des barreaux.

Je suis soulagé que cela ne gêne pas Seydou. Après avoir déposé nos affaires, il met la chemise achetée sur le marché, qui lui va très bien, et nous descendons au restaurant. Nous nous asseyons à une table et consultons le menu. Je suis affamé ! La plupart des plats sont sénégalais. Je choisis du poulet yassa au citron et Seydou, lui, se décide pour du thiéboudienne car il aime bien le poisson.

---

1 **une montre** (Armband-)Uhr – 9 **tomber sur qc** trouver qc par hasard – 10 **une lettre** *ici :* partie de l'alphabet – 19 **branlant, branlante** ≠ solide – 19 **une moustiquaire** Moskitonetz (une moustique = (Stech-)Mücke, Moskito) – 21 **un barreau** Gitterstab – 25 **consulter qc** regarder qc – 26 **un poulet yassa** *senegalesisches Nationalgericht mit scharf mariniertem Hühnchen* – 27 **un thiéboudienne** *traditionelles Gericht aus dem Senegal bestehend aus Fisch und Reis*

L'homme de la réception, qui est aussi le serveur, prend notre commande et ajoute deux bouteilles de Gazelle Ananas, bien entendu. Pendant que je bois en tirant sur ma paille, Seydou me dévisage avec curiosité.

– Je trouve que tu as un drôle de nom…

– Ah oui, et pourquoi ?

– YAO, ça vient d'où ? Ce n'est pas un nom sénégalais ? Ça veut dire quelque chose en particulier ?

– Oui, ça signifie né un jeudi. Parce que c'est le jour de ma naissance et que je suis un garçon. C'est comme ça, en Côte d'Ivoire. Le père de ma mère vient de là-bas. Mon nom complet, c'est Yao Racine Tidjane Kane…

– Eh bien, dis donc, avec un nom comme ça, tu iras loin !

– Tu crois vraiment, tonton Seydou ?

– Absolument. Les noms ont beaucoup d'importance. J'aime bien le fait que ton nom soit aussi original. Il y a des gens qui peuvent te donner tes principaux traits de caractère à partir de ton prénom, tu sais. Du genre : « Les Yao sont très curieux. Tournés vers l'inconnu car avides de connaissances, ils veulent tout découvrir à leurs risques et périls. Ils sont très sensibles, possèdent un vrai sens de l'amitié et sont très intelligents. » C'est tout toi, ça, tu ne crois pas ?

– Tu me surprends, tonton Seydou. Tu m'as totalement compris. Et toi, ton nom veut dire quelque chose ?

– Non, pas à ma connaissance.

– Moi, je pense qu'on devrait t'appeler Le Grand, parce que tu es grand et qu'en anglais, *tall*, ça veut dire « grand ».

– Tu es un petit malin, toi, c'est ce que j'aime bien… Mais dis-moi, pourquoi as-tu fait ce voyage tout seul ? C'était quand même

---

9 signifier qc vouloir dire qc – 17 un trait de caractère aspect particulier du caractère de quelqu'un – 20 à ses risques et périls auf eigene Gefahr – 28 un malin, une maligne Schlauberger, Pfiffikus

très risqué. Cela aurait pu mal se terminer. Est-ce que tu t'en rends compte ?

– C'est que… mon copain, Demba, celui dont je t'ai parlé, il devait venir avec moi. Mais au dernier moment, il a changé d'avis. Et moi, je me suis dit que je ne pouvais pas abandonner…

Je me tais quelques secondes en repensant à l'absence de Demba au moment du départ à la gare routière de Kanel. Je lui en veux encore d'avoir changé d'avis sans me prévenir. Mais je préfère chasser cette mauvaise pensée de ma tête pour ne pas gâcher la soirée.

Je lui donne quelques précisions :

– Mon copain, il veut devenir acteur. Il joue dans toutes les pièces de théâtre à l'école, alors il voulait te rencontrer. S'il avait été là, il t'aurait demandé de lui expliquer ce qu'il faut faire pour devenir un très, très bon acteur.

– Et toi ?

– Moi, au début, c'était un peu la même chose. Je voulais savoir où mettre mes mains quand je récite des poèmes. Mais en réalité, c'était tout juste pour te voir, quoi…

– Tu sais, je vais peut-être te décevoir, mais je dois t'avouer que je n'ai pas vraiment de tuyaux à te donner. J'ai démarré comme ça, en inventant des blagues pendant toute la journée, avec mes copains. Dans l'atelier de mon père, observais ses clientes. tout seul, dans mon coin, et je ne disais rien. Puis, au bout d'un moment, j'ai commencé à choper plein de détails marrants chez ces femmes – chez les hommes aussi, d'ailleurs. Tu sais, Yao, tous les artistes, qu'ils soient acteurs, écrivains, peintres ou musiciens,

---

6 **se taire** ne rien dire – 7 **en vouloir à qn** se fâcher contre qn – 9 **gâcher qc** ≠ faire réussir qc – 20 **décevoir qn** ne pas dire ce que quelqu'un aimerait entendre – 21 **un tuyau** *fam* conseil; information qui sert beaucoup – 25 **choper qc** *fam ici :* etw. abgucken, imitieren – 27 **qu'ils soient** egal ob sie nun … sind

aiment regarder, écouter et sentir. Ils laissent parler leurs émotions. Si tu fais cela, tu y arriveras.

– Ah oui, je comprends, il faut savoir ouvrir les yeux et faire attention à tout ce qui se passe autour de toi.

– C'est ça. Rien que dans cette salle, il y a des tas de gens intéressants : cette femme élégante qui joue avec ses longues tresses; ce gros monsieur qui mange, penché sur son assiette, les coudes sur la table ; et cette danseuse qui vient d'entrer en se comportant comme une grande star. Son pagne est cousu de perles qui accentuent ses mouvements. Tu vois comme elle poursuit son chemin vers la terrasse d'où provient de la musique ?

C'est incroyable ! Grâce à Seydou, j'ai l'impression d'avoir des yeux tout neufs. Comme si je portais des lunettes en trois dimensions.

Nous mangeons avec appétit, puis nous montons nous coucher. Dans la chambre, assis sur mon lit, j'écris quelques phrases dans mon cahier et je dessine le *xalam* de la chanteuse. Seydou m'annonce qu'il est encore tôt et qu'il n'a pas envie de dormir. Il va aller prendre un verre au bar. Je lui demande d'éteindre la lumière avant de partir.

J'ai à peine fermé les yeux que je suis brusquement réveillé par une musique si forte qu'on dirait que les haut-parleurs sont dans notre chambre. Je me rhabille et descends voir ce qui se passe.

---

2 arriver à qc avoir du succès ; réussir – 8 un coude Ellenbogen – 9 un pagne cousu de perles *ein „pagne" aus einem durchsichtigen reichlich mit Perlen besticktem Tüll* – 10 poursuivre *ici :* continuer – 11 provenir venir (d'un lieu) – 13 les lunettes *fpl* Brille – 19 éteindre ≠ allumer

11 Gloria,la belle chanteuse au xalam

Je cherche Seydou des yeux et l'aperçois au bar, assis à une table haute, un verre à la main. Avant que je puisse le rejoindre, la chanteuse rencontrée au marché arrive, attrape une bière sur le plateau d'un serveur et s'installe à côté de lui. À mon grand étonnement, il a l'air ravi de la voir. Du coup, je me rapproche pour écouter leur conversation sans qu'ils me voient. Je me méfie de cette chanteuse trop belle.

– Je m'appelle Gloria, dit-elle d'une voix traînante. Et toi ?

– Seydou.

Elle boit en l'observant, penche la tête sur le côté et dit:

– Tu n'es pas d'ici, mon cher.

– Comment tu le sais ?

– Ça se voit tout de suite.

– Cela m'étonne. Je ne pensais pas que…

– Tes chaussures, ta montre, tes ongles, tout, résume-t-elle. Et aussi une façon d'être que n'ont pas les hommes par ici. Tu es noir de peau, mais tu n'es pas de ce pays. Tu fais quoi en France ?

– Là… en ce moment, je suis acteur, répond-il, l'air soudain tout timide.

– Acteur ? Dans les films ? Sans blague ! Tu es déjà passé à la télévision ?! Enfin, tu peux me raconter tout ce que tu veux, moi je ne regarde pas la télé… Mon truc, c'est plutôt la musique.

– Et je trouve que tu danses pas mal non plus !

– C'est rien, ça. Attends de me voir quand je suis toute seule sur scène. Tiens, d'ailleurs, paye-moi un verre, dit-elle en terminant sa boisson.

Il obéit et commande deux bières. Elle l'impressionne vraiment. Je ne comprends pas très bien pourquoi car, après tout, c'est lui la

---

5 **ravi, ravie** très content ; heureux – 8 **traînant, traînante** monotone – 27 **obéir** faire ce que quelqu'un demande

vedette. Pourquoi est-ce qu'il ne lui dit rien ? Est-ce que ça l'amuse de ne pas être reconnu ? Moi, en tout cas, ça ne me plaît pas.

– Moi non plus je ne suis pas d'ici, reprend-elle sur le ton de la confidence.

– Tu viens d'où ?

– Du Mali, un beau pays. Mais pas terrible, en ce moment, pour une femme comme moi. Alors je bouge. Avec ma voix, je peux aller partout. Je parle français, anglais, wolof, bambara…

– Arrête, tu me donnes le tournis ! répond Seydou avec un peu d'admiration.

Elle le regarde fixement. Elle doit penser qu'il ne la croit pas car elle lui demande sèchement :

– Ça t'étonne, n'est-ce pas ? Tu trouves que je ne suis pas sérieuse et que je me balade trop pour être honnête ?

– Non, non, pourquoi tu dis ça ?

– Mais si, une femme africaine qui part à l'aventure, ce n'est pas normal, hein ?

– Tu te trompes, ça ne me pose aucun problème, vraiment.

–C'est toi qui le dis, mais en réalité beaucoup de gens pensent que les femmes doivent rester à la maison. Je ne suis pas d'accord. Moi, j'aime les voyages, la liberté ! Quand je gagne un peu d'argent avec ma musique, je l'envoie à ma mère, pour elle et pour mon fils. Les découvertes que je fais sont plus précieuses que de l'or. Je suis allée au Ghana, en Côte d'Ivoire, au Burkina Faso. Tu seras surpris d'entendre cela, mais quand on fait confiance aux gens, ils te le rendent bien. Je trouve que dans notre vie y a trop d'obstacles, on ne fait jamais ce qu'on veut au bon moment. Regarde-toi, tu m'as l'air de quelqu'un qui est toujours pressé, qui court par ici et par

---

4 **une confidence** quelque chose qu'on raconte à quelqu'un en secret – 6 **terrible** *ici : fam* bien – 7 **bouger** *ici :* voyager ; changer d'endroit – 8 **il bambara** *langue qui se parle au Mali et dans d'autres régions en Afrique de l'Ouest* – 9 **donner le tournis à qn** *fam* faire tourner la tête à quelqu'un – 11 **regarder qn fixement** dévisager qn – 14 **se balader** *fam* se promener ; *ici :* voyager – 26 **un obstacle** Hindernis

là pour te rendre à des rendez-vous qui ne te donnent même pas de satisfaction. Ce n'est pas bon pour ta santé. Si tu as toujours peur de perdre ton temps, tu deviens malheureux et ceux que tu aimes aussi deviennent malheureux.

Elle s'arrête de parler et sirote sa boisson. Ils restent tous les deux silencieux puis Seydou passe une autre commande. On dirait qu'ils en ont encore pour un bon moment et je commence à avoir sommeil. Ils boivent trop, ça c'est sûr.

– Où est-ce que tu as appris à chanter si bien ? lui demande Seydou sans que j'arrive à savoir s'il est vraiment sincère.

J'ai envie de lui donner un bon coup dans les côtes pour qu'il redescende sur terre… J'ai l'impression que cette femme n'est pas honnête. Qu'elle cache quelque chose derrière ses grands sourires.

– Merci, c'est de naissance, dit-elle – pas modeste du tout. Je viens d'une famille de griots. Mon père était conteur, poète et musicien. J'ai grandi dans cette atmosphère. Normalement, le *xalam* est un instrument réservé aux hommes. J'ai appris à en jouer en observant les musiciens dans les mariages et les baptêmes. J'ai fait le mien de mes propres mains. C'est mon bien le plus précieux.

– Je n'avais jamais vu un tel instrument auparavant…

– Cela ne m'étonne pas, peu de gens l'utilisent de nos jours. La guitare l'a remplacé. C'est plus moderne et plus bruyant !

– Tu n'aimes pas la musique moderne, c'est ça ?

– Pas du tout, tous les genres me plaisent, c'est une question d'atmosphère… Tu es logé ici ?

– Oui.

---

2 **une satisfaction** plaisir ; joie ; contentement – 5 **siroter qc** *fam* boire qc lentement – 8 **avoir sommeil** être fatigué – 10 **sincère** qui dit ce qu'il pense vraiment – 11 **une côte** Rippe – 14 **modeste** ≠ fier, arrogant – 15 **un conteur** personne qui raconte des histoires – 18 **un baptême** cérémonie à l'église avant tout pour les bébés – 19 **un bien** ce qui est à une personne ; richesse – 23 **remplacer qc** mettre une chose à la place d'une autre – 23 **bruyant, bruyante** → bruit – 26 **loger** *ici :* passer la nuit

– Où ça ?

– Juste en haut. Au fond du couloir, avec le petit.

– Ah oui, il est mignon ce gosse, c'est ton fils ?

– Non… mais c'est tout comme.

Je suis tout heureux d'entendre Seydou parler ainsi de moi. Et je suis agréablement surpris de savoir que Gloria m'aime bien. Même si « mignon » n'est pas vraiment mon genre. Elle n'est peut-être pas si méchante que ça, après tout…

– Vous avez l'air de bien vous entendre. J'aurais aimé avoir un père comme ça pour mon garçon. Le sien est parti il y a longtemps.

– Désolé… Ça arrive, on ne peut pas prévoir.

En entendant un morceau américain au rythme langoureux, elle relève la tête et lance joyeusement :

– Tu viens, on danse ?

Puis elle entraîne Seydou sur la piste et ils s'enlacent sous les lumières tamisées.

Les voir ainsi ne me plaît pas du tout. Je crois que je suis jaloux. Alors, je remonte dans la chambre et m'allonge sur mon lit. Il est si tard que je tombe bientôt dans un sommeil profond.

Cette nuit-là, un peu avant l'aube, je suis réveillé par le bruit que fait Seydou en rentrant. Il se cogne dans les meubles, s'écroule sur le lit tout habillé et se met aussitôt à ronfler bruyamment. Quand le jour se lève, je m'habille, range mon sac et m'assieds sur la chaise, prêt à partir.

Je n'ose pas réveiller Seydou et je suis inquiet. Va-t-il dormir toute la journée ? Et notre voyage ? Et son avion ? J'attends comme ça pendant une heure ou deux. Pourtant, finalement, je me lève et

---

3 un gosse *fam* petit garçon, enfant – 12 langoureux, langoureuse mélancolique, doux – 15 entraîner qn emmener qn – 15 s'enlacer se prendre dans les bras – 16 tamisé, tamisée rendu moins fort – 19 profond, profonde tief – 20 l'aube *f* moment où le jour se lève – 21 se cogner sich stoßen – 21 s'écrouler *fam fig* se laisser tomber – 22 bruyamment *adv* → bruyant, bruit

touche son épaule du bout des doigts. Sans résultat. Je répète mon geste et Seydou ouvre les yeux avec difficulté.

– Mmmm… qu'est-ce qu'il y a ? grogne-t-il.

Pour toute réponse, je lui tends sa chemise. Il attrape le vêtement, se met debout et titube jusqu'à la salle de bains. Après une longue douche, il en ressort tout frais quelques instants plus tard, comme si de rien n'était, et me lance :

– Comment ça va Yao, bien dormi ?

---

3 **grogner** murren, brummen – 5 **tituber** ne pas marcher droit – 6 **frais, fraîche** *ici :* en forme

12 Si je pars, qui va s'occuper de mon champ ?

Nous sortons de l'hôtel, prêts à reprendre la route, et là, qui voyons-nous ? La chanteuse assise sur le capot de la voiture, un sac de voyage à côté d'elle ! Cela ne me fait pas plaisir de la voir. Seydou, lui, semble plutôt content.

– Yao, je crois que Gloria voudrait venir avec nous, annonce-t-il. Ça ne te dérange pas, j'espère ?

– Ne t'en fais pas, ce n'est pas pour bien longtemps, intervient Gloria. Il y a un cabaret qui cherche une chanteuse. Je vais passer l'audition dans une ville voisine, sur votre chemin. Enfin, presque.

Elle ouvre la portière avant de la voiture et s'installe le plus naturellement du monde en me disant :

– Allez, passe à l'arrière, mon petit.

Seydou démarre et nous voici donc repartis. Je suis seul sur la banquette arrière tandis qu'ils discutent sans s'occuper de moi.

– Elle n'est pas toute jeune, ta voiture. Acteur fauché, hein ? Ce n'est pas grave, tu me plais quand même, dit-elle en faisant un clin d'œil à Seydou.

– Bizarre… On roule depuis hier et l'aiguille est toujours sur le plein, constate Seydou. Au moins, on peut dire qu'elle ne consomme rien cette bagnole ! Bon, on va où ?

– T'inquiète, je connais bien la route, je te montrerai.

– C'est loin ?

– Pas trop.

– Plus précisément ?

– Oh, là, là, arrête ! C'est quoi ton problème, exactement ? Je t'ai dit qu'on n'en avait pas pour longtemps.

---

2 un capot Motorhaube – 6 déranger qn gêner qn – 9 une audition présentation d'un morceau de son répertoire pour être engagé – 15 fauché, fauchée *fam* qui n'a pas d'argent – 20 une bagnole *fam* voiture – 21 t'inquiète *ici :* Mach dir keine Sorgen!

Elle saisit l'iPhone de Seydou et s'amuse à prendre des *selfies*, d'elle seule ou bien d'eux deux. Elle ne se retourne pas une seule fois vers moi. Qu'est-ce qu'elle m'énerve ! Pour qui se prend-elle ? Je la vois se presser contre Seydou de plus en plus fort, et, soudain, la voiture fait un écart. Seydou redresse d'un coup de volant et je pousse un cri.

– Gloria, fais attention ! s'exclame Seydou. On va avoir un accident si tu continues. C'est dangereux !

– Pas de panique, y a rien de grave !!!

Il semble choqué par l'imprudence de la jeune femme mais j'ai l'impression que son insouciance lui plaît.

Cependant, Gloria est contrariée d'avoir été rabrouée. Elle regarde par la vitre en boudant et j'en profite pour demander à Seydou si je peux avoir le téléphone pour jouer un peu. Il tend la main et Gloria lui remet le portable sans un mot. Je le récupère avec un petit sourire victorieux.

La route défile. On aperçoit des villages sur les collines, des paysans qui travaillent leurs champs ou surveillent leurs bêtes. Seydou conduit en silence et je suis plongé dans mon jeu. Soudain, tout doucement, Gloria commence à chanter. À peine un murmure, d'abord, juste quelques notes. Elle a une belle voix rocailleuse qui emplit la voiture d'une grande nostalgie. En l'écoutant, je me dis qu'elle a un talent extraordinaire et que je devrais peut-être me comporter plus gentiment avec elle. Cela ne m'étonne pas que Seydou soit tombé sous son charme.

---

3 **se prendre pour qn** se croire plus important que les autres – 5 **faire un écart** einen Schlenker machen – 5 **redresser d'un coup de volant** schnell gegensteuern – 10 **l'imprudence** *f* fait de ne pas réfléchir aux conséquences de ce qu'on fait – 11 **l'insouciance** *f* caractère d'une personne qui ne voit pas les dangers, qui vit sans s'inquiéter de rien – 12 **être rabroué, rabrouée** entendre des paroles peu gentilles pour son comportement – 13 **bouder** montrer son mécontentement, sa mauvaise humeur en ne disant plus rien – 21 **rocailleux, rocailleuse** rau – 22 **emplir qc** etw. erfüllen

Gloria chante maintenant à haute voix sur un rythme cadencé. Seydou marque la mesure sur le volant. Elle s'en rend compte et le regarde, tout heureuse et fière.

Après un virage, nous apercevons des voitures garées sur le côté de la route. Deux policiers arrêtent les véhicules afin de contrôler les papiers avant l'entrée dans la ville. Seydou s'arrête en râlant ; il fait chaud, il n'a pas envie de perdre du temps. Un policier arrive à notre hauteur.

– Où allez-vous ? demande-t-il en regardant rapidement à l'intérieur de la voiture.

– On dépose mademoiselle un peu plus loin.

– Papiers du véhicule, s'il vous plaît ?

Seydou fouille dans la boîte à gants et en sort les documents que le vendeur lui a donnés. Il les tend au policier qui les consulte distraitement en faisant le tour du véhicule. Gloria en profite pour chuchoter à Seydou :

– Donne-lui vite un billet…

– Pourquoi veux-tu que je lui donne de l'argent ?

– Ta Peugeot, elle est trop vieille. Personne ne te l'a dit ?

– Mais, je ne comprends pas… Il y a plein de voitures comme la mienne sur les routes ! Regarde celle-là, devant, elle est encore plus pourrie. Et cette épave, là-bas… En plus, ils sont dix dedans.

– Tu as raison, mais eux, ils vont donner quelque chose pour qu'on les laisse partir. Pour toi, ce sera juste double tarif.

– Pourquoi ? Qu'est-ce que j'ai fait de mal ? demande Seydou, révolté.

---

1 **cadencé, cadencée** gleichmäßig – 2 **marquer la mesure** den Takt schlagen – 4 **un virage** partie d'une route qui tourne – 6 **râler** *fam* montrer sa mauvaise humeur – 13 **une boîte à gants** Handschuhfach – 15 **distraitement** *adv* sans faire beaucoup d'attention – 22 **pourri, pourrie** *fig* qui est dans un très mauvais état – 22 **une épave** vieille voiture qui ne devrait plus rouler sur les routes – 26 **révolté, révoltée** qui proteste contre qc

– Tu es blanc, voilà pourquoi.

– Blanc, moi ? Tu rigoles ?

Il se tourne vers moi et me demande, interloqué :

– Tu penses que je suis blanc, toi, Yao ?

– Bien sûr que non, tu n'es pas blanc, tonton Seydou ! lui dis-je en faisant mine d'être scandalisé. Mais parfois, tu te comportes comme les Blancs, voilà tout…

– Vous commencez à m'embêter avec vos histoires de Blancs, tous les deux ! Si je n'ai pas envie de faire quelque chose, je ne le fais pas, c'est tout. Blanc, Vert ou Jaune, ça m'est égal. Chacun a le droit d'avoir son opinion. D'ailleurs…

– Oui, mais tu sais, les policiers d'ici ne sont pas commodes. Même si tu as raison, ils trouveront toujours un prétexte pour que tu leur donnes de l'argent. Nous aussi, ça nous énerve. Mais voilà, c'est comme ça…

– Cela m'est égal, décide Seydou. Il n'est pas question que je donne quoi que ce soit !

Le policier qui vient d'inspecter le véhicule lui rend les papiers et se penche vers la fenêtre ouverte.

– Le contrôle technique, s'il vous plaît.

– Euh, attendez une minute, je dois l'avoir quelque part… Sûrement, oui. C'est juste que je viens d'acheter la voiture et…

– Ouvrez le coffre !

Seydou ne montre pas combien il est énervé et obéit. Par la même occasion il découvre le bazar que l'ancien propriétaire a laissé. Le policier fait mine de fouiller, bouge quelques affaires, mais ne trouve rien d'intéressant.

---

2 **rigoler** *ici :* se moquer – 3 **interloqué, interloquée** très surpris ; qui ne sait plus quoi dire – 11 **avoir le droit de faire qc** être libre de faire qc – 12 **commode** ≠ sévère – 13 **un prétexte** fausse raison – 17 **quoi que ce soit** was auch immer – 20 **le contrôle technique** *ici :* document qui montre que le fonctionnement de la voiture a été correctement contrôlé – 23 **un coffre** partie de la voiture où l'on met les bagages – 25 **un bazar** grand désordre

– Ton permis, il est français ? reprend le policier.

– Oui, c'est écrit dessus, répond Seydou sèchement après avoir regagné sa place.

– Tu viens de France ? insiste l'homme.

– C'est exact. Je suis en visite pour quelques jours et tout s'est très bien passé jusqu'à présent …

Le policier a remarqué l'ironie et n'apprécie pas beaucoup. J'aurais bien aimé pouvoir lui parler en wolof pour essayer de l'apaiser, mais j'ai peur de dire une bêtise et d'aggraver la situation. Gloria, elle, garde son calme et son sourire.

– Bon, c'est fini la colonisation, tu sais ! s'énerve le policier. Il ne faut pas croire qu'on n'a pas de lois, ici. Le Sénégal est un pays indépendant, maintenant, et la loi dit bien : « Le contrôle technique est une obligation pour tout véhicule à moteur ayant au moins quatre roues, d'un poids inférieur ou égal à 3,5 tonnes. » Gare-toi sur le côté, on va s'expliquer tranquillement…

Il semble que Seydou ait fini par comprendre.

À contrecœur, il sort un billet de son portefeuille et le remet au policier qui l'empoche rapidement, sans un mot, et nous dégage le passage. Nous restons quelque temps silencieux. L'atmosphère est lourde. Il est visible que Seydou n'est pas content de lui-même parce qu'il a cédé. Quant à Gloria et moi, nous ne sommes pas fiers d'avoir eu raison.

– C'est compliqué, s'excuse-t-elle au bout d'un moment. Ta Peugeot est tellement vieille que, dans un autre pays, elle ne pourrait pas circuler. Ici, elle peut, mais tu dois payer.

---

2 **dessus** sur qc – 9 **apaiser qn** rendre qn moins agressif – 9 **aggraver qc** → grave – 12 **une loi** règle officielle qui dit ce qui est permis et ce qui est interdit – 14 **une obligation** qc qu'on doit faire – 15 **une roue** Rad – 15 **un poids** Gewicht – 15 **inférieur, inférieure** plus petit – 16 **s'expliquer** s'arranger pour qu'on se fasse respecter – 18 **à contrecœur** ≠ avec plaisir – 20 **dégager le passage à qn** laisser partir qn – 21 **lourd, lourde** qui déprime et qui fait réfléchir à ce qui s'est passé – 22 **céder** faire qc contre sa volonté – 26 **circuler** rouler

Seydou semble fatigué, soudain, et annonce qu'il a besoin d'un café. Il s'arrête devant une petite gargote et Gloria l'accompagne. Moi, je préfère rester dans la voiture pour finir ma partie sur le téléphone.

De temps en temps, je lève la tête et les regarde en train de se parler en faisant de grands gestes.

Puis j'entends Gloria qui s'est remise à chanter gaiement quand, soudain, le téléphone se met à sonner. Après quelques secondes d'hésitation, j'appuie sur le bouton.

– Bonjour, dis-je, pas sûr de moi.

Une voix de petit enfant me demande qui je suis. Je lui réponds que je m'appelle Yao. Il me dit qu'il veut parler à son papa et je devine qu'il s'agit de Nathan. Je lui explique alors que je ne peux pas lui passer Seydou parce qu'il m'a prêté son portable pour que je finisse une partie que j'ai presque gagnée. Et qu'il est quelque part avec des gens, trop loin pour que je puisse le prévenir. Je lui demande pourquoi il n'est pas à l'école ; il m'apprend qu'il est un peu malade. Puis, méfiant, il me fait remarquer qu'il ne me connaît pas et que je lui pose trop de questions. Il met fin à l'appel après m'avoir demandé de dire à son papa de le rappeler. C'est peut-être mieux comme ça ; je n'aurais pas aimé lui passer son père pendant qu'il discutait avec Gloria.

Comme ma partie de jeu a été interrompue, je mets le téléphone dans ma poche et vais rejoindre Seydou et Gloria. Quelques curieux se sont rapprochés d'eux pour écouter la chanson que Gloria est en train de chanter et je m'assieds avec eux. Seydou m'offre une Gazelle Ananas.

Les gens finissent par s'en aller quand Gloria arrête de chanter et Seydou, complètement sous le charme de la jeune femme, lui

---

2 **une gargote** *péj* restaurant pas cher où l'on mange mal – 9 **appuyer sur le bouton** auf den Knopf drücken – 18 **méfiant, méfiante** → se méfier – 23 **interrompre qc** arrêter qc pour un certain temps

demande si elle aimerait l'accompagner en France. Il dit qu'il est prêt à l'aider. Avec une aussi belle voix, affirme-t-il, elle aurait beaucoup de succès. Pourtant, elle ne semble pas prendre son offre au sérieux. On voit bien qu'elle ne sait toujours pas qui est vraiment Seydou Tall, sinon, elle aurait sauté sur l'occasion.

– Que veux-tu que je fasse à Paris ? s'étonne-t-elle. Ici, je me débrouille bien. Chez nous, on dit : « Si je pars, qui va s'occuper de mon champ ? »

– Je te vois mal en paysanne ! répond Seydou, taquin. Je parie que tu ne possèdes aucun champ !

– Qu'est-ce que tu en sais ? Et puis j'ai un fils, je ne peux pas m'en aller. Mais toi, tu as le choix, non ? Si tu veux, tu peux rester ici.

– Impossible. Moi aussi, j'ai un fils, déclare-t-il.

Ils se défient du regard. Qui va être le plus fort ? Si Seydou acceptait de rester avec elle, Gloria aurait gagné. Comme il n'a pas l'air d'être très heureux à Paris, tout est possible. Quand elle le voit hésiter, elle ajoute que tous les deux, lui, l'acteur, et elle, la chanteuse, ils formeraient un couple d'artistes formidable ! Je grince des dents en entendant cela.

– Il n'y a pas plus grand succès que d'être reconnu dans son propre pays, termine-t-elle, le visage illuminé par un large sourire.

Je ne dis rien, mais je n'en pense pas moins. À mon avis, l'idéal serait d'avoir du succès à l'intérieur *et* à l'extérieur. Je trouve que même si Seydou Tall n'habite pas au Sénégal, il porte une partie du Sénégal en lui et ça me fait vraiment plaisir.

Je les observe avec inquiétude. Il faut que je fasse quelque chose pour que Seydou revienne sur terre. Ce serait formidable qu'il reste

---

2 affirmer qc dire que quelque chose est vrai – 5 sauter sur l'occasion dire tout de suite « oui » – 9 taquin, taquine qui se moque gentiment – 9 parier dire qc qui est très probablement vrai – 15 se défier du regard sich mit Blicken taxieren – 20 grincer des dents mit den Zähnen knirschen – 21 être reconnu, reconnue *ici :* être connu comme qn qui fait son métier très bien – 27 une inquiétude → inquiet

ici, avec nous, mais je pense à Nathan et à sa maman. Ils ont besoin de lui. C'est le moment que je choisis pour lancer, l'air de rien, que Nathan a appelé.

– Hein ? Quand ? s'exclame Seydou comme s'il venait soudain de se réveiller d'un long sommeil.

Je lui explique et j'en profite pour lui rendre son portable.

Voilà, le charme est rompu ! Il s'empare du téléphone et s'éloigne vivement pour contrôler ses appels. Et Gloria est furieuse. Elle me demande si je suis jaloux, si c'est parce que je la trouve trop belle que je ne veux pas qu'elle s'approche de mon « tonton ». Je ne sais pas quoi lui répondre. Je trouve qu'elle y va un peu trop fort, mais je l'admire d'être une grande voyageuse et une si bonne chanteuse. Pourtant, sa façon de vivre ne plaît pas à tout le monde. J'ai remarqué que Seydou était quelqu'un de très sensible, pas toujours sûr de lui. Or avec elle, on ne sait jamais ce qui va suivre. Et puis je suis certain d'une chose : si un jour, ils se disputent, pour une raison ou pour une autre, elle le laissera tomber sans se retourner !

Je reste un moment perdu dans mes pensées en faisant des bulles dans mon Gazelle Ananas. Un peu plus loin, Seydou parle au téléphone. Il est tombé sur un répondeur et nous l'entendons laisser son message :

– Bonjour, c'est moi… Nathan a appelé avec ton téléphone et je le rappelais. Dis-lui que tout va bien, je prends l'avion, euh… ce soir, enfin… donc j'arriverai tard… et j'appellerai demain… Salut.

Après avoir raccroché, il reste un moment sur place sans bouger, complètement perdu. Puis il se dirige lentement vers la voiture et, sans un mot, nous nous levons pour le rejoindre.

---

2 **l'air de rien** comme si cela n'était pas important – 4 **hein** *interj* comment ? ; pardon ? – 7 **être rompu, rompue** ne plus exister – 7 **s'emparer de qc** prendre vite qc – 15 **or** nun (aber) – 19 **une bulle** Luftblase

Un peu plus tard, sur la route, Seydou se rend compte que la jauge à essence ne fonctionne pas du tout. L'aiguille n'a pas bougé d'un pouce et marque toujours un réservoir plein. Quelques kilomètres plus loin, nous traversons une ville et il en profite pour s'arrêter dans une station-service. Heureusement qu'il ajoute de l'essence car le réservoir était presque vide !

Pendant que Seydou paye à la caisse, je choisis des boissons et un paquet de bonbons dans la petite boutique. À travers la vitre, je vois Gloria sortir de la voiture avec son gros sac, se faufiler dans la foule des marchands ambulants et des voyageurs d'un autobus à l'arrêt, puis disparaître dans une petite allée…

Quelque part, je suis content qu'elle s'en aille. J'espère seulement que Seydou ne va pas mal le prendre.

De retour à la voiture, il s'aperçoit de son absence et doit penser qu'elle est partie acheter quelque chose ou se dégourdir les jambes. Au bout de quelques minutes, cependant, il scrute les alentours en fronçant les sourcils. Aucune trace d'elle . Un chauffeur klaxonne pour nous obliger à bouger et nous remontons vite dans la voiture où je reprends ma place à l'avant. Seydou continue à guetter nerveusement, même après avoir démarré. Je n'ose pas lui dire ce que j'ai vu. De toute façon, il a compris : elle est partie…

---

2 **la jauge à essence** Benzinuhr – 3 **ne pas bouger d'un pouce** ne pas bouger du tout – 12 **quelque part** *ici :* irgendwie – 13 **prendre mal qc** *ici :* se fâcher – 16 **scruter qc** observer qc avec une grande attention – 16 **les alentours** *mpl* ce qui est autour d'un lieu – 17 **froncer les sourcils** die Stirn runzeln – 17 **une trace** Spur – 17 **klaxonner** hupen – 19 **guetter** observer avec attention pour ne rien manquer

13 « Je viens chercher mon fils »

Après avoir quitté la ville, nous passons un pont et tombons soudain dans un immense embouteillage. Il y a des travaux sur la voie principale ; tous les véhicules roulent au pas. Seydou regarde plusieurs fois sa montre et s'impatiente. Il n'a pas dit un mot depuis la station-essence. De toute évidence, le départ de Gloria l'a vraiment perturbé. Je lui demande s'il est vexé mais il ne réagit pas. Je ne l'ai jamais vu comme ça.

Brusquement, il fait demi-tour, traverse l'allée centrale et prend la direction inverse. Plusieurs conducteurs qui trouvent sa manœuvre scandaleuse, klaxonnent, mais il ne s'en préoccupe pas. Il suit un grand panneau qui indique *Gare routière.*

Bientôt, il gare la Peugeot dans une rue voisine et nous nous dirigeons en silence vers les cars qui vont partir très bientôt.

Seydou s'accroupit devant moi et me prend les mains en disant :

– Excuse-moi, Yao… Je voulais vraiment t'accompagner jusqu'à Kanel, mais, tout s'est mis en travers. Si je ne rentre pas à Dakar tout de suite, je vais rater mon avion. Je suis désolé… Tu ne m'en veux pas ?

– C'est parce que tu vas chercher Gloria, hein ? dis-je en me dégageant.

– Mais non ! Où veux-tu que je la trouve ? Je me suis fait avoir, c'est tout. Et c'est bien fait pour moi. Maintenant, je rentre.

Il essaie de sourire mais je sens bien qu'il est mal à l'aise. Il se sent coupable de me laisser là après avoir brusquement changé d'avis. Je suis déçu ; je sens les larmes me monter aux yeux mais je ne le montre pas car, au fond de moi, je sais qu'il a raison de choisir ce qui est le plus important pour lui

---

2 **un embouteillage** bouchon – 9 **inverse** contraire – 11 **un panneau** Schild – 14 **s'accroupir** in die Hocke gehen – 16 **se mettre en travers** ne pas marcher comme on le souhaite – 20 **se dégager** *ici :* bouger pour mettre fin au contact (des mains) – 22 **C'est bien fait pour moi.** Das geschieht mir recht. – 24 **coupable** qui fait une faute

Seydou demande à un conducteur si son bus va bien à Kanel et à quelle heure le départ est prévu.

– Comment ça, quand ? s'étonne l'homme. Je ne sais pas moi, quand le bus sera plein !

Puis, en me faisant un signe de la tête, il ajoute :

– Alors mon petit, qu'est-ce que tu attends pour grimper ?

Seydou se penche vers moi et m'embrasse, mais je me dépêche de monter pour aller m'installer tout au fond Quand Seydou est sûr que j'étais bien assis, il s'éloigne à grands pas à travers la gare. Et voilà, c'est fini. Il est parti. J'aurais vraiment aimé qu'on ne se sépare pas comme ça.

J'étais si heureux à l'idée d'arriver avec lui à Kanel. Je l'aurais présenté à tout le monde et ça aurait été la fête ! Eh bien, c'est raté. Et je devrai me contenter d'une belle raclée.

Je ne comprends pas pourquoi Seydou a changé d'avis au dernier moment. Il dit que ça n'a rien à voir avec Gloria mais j'ai du mal à le croire.

Le bus s'est rempli, petit à petit, et des larmes se sont mises à couler le long de mes joues. Je les essuie discrètement en espérant que personne n'a rien vu. Le moteur a été mis en marche et le départ approche…

Mais tout à coup, j'aperçois la Peugeot qui fonce vers nous. Seydou se gare n'importe où et court vers le car en bousculant les gens sur son passage. Il frappe sur la portière de toutes ses forces et le chauffeur lui ouvre en râlant.

– Je viens chercher mon fils, annonce Seydou avec autorité.

L'homme le laisse monter et Seydou se fraye un chemin jusqu'à moi à travers les bagages qui gênent le passage dans le couloir.

---

14 se contenter de qc *iron* ne pas pouvoir espérer autre chose – 14 une raclée *fam* des coups – 18 se remplir ≠ se vider – 19 couler fließen – 19 essuyer wegwischen – 22 foncer *fam* rouler, aller très vite – 27 se frayer un chemin s'ouvrir un passage

– Yao, lève-toi, on s'en va ! me lance-t-il.

Il me tend la main et m'entraîne dehors. Puis les portes se referment et le véhicule démarre en trombe.

Nous nous regardons, très émus.

14 La surprise de Seydou

Seydou m'avoue qu'il s'était senti très seul après m'avoir mis dans le bus. La voiture lui semblait vide. J'avais laissé quelques emballages de bonbons sur mon siège et il n'avait plus personne avec qui parler. Il s'est vu à l'aéroport : le passage de l'immigration, la queue au contrôle de sécurité, l'embarquement, le décollage … Toujours partir… Toujours se séparer de ceux qu'il aime…

– Je me suis rendu compte qu'il fallait que je fasse une pause, ajoute-t-il. Je ne pouvais pas continuer toute ma vie à foncer tête baissée. J'ai pensé à toi et voilà, j'ai fait demi-tour ! Et pour fêter nos retrouvailles, nous allons à la mer.

Je m'exclame, incrédule :

– À la mer ?!

Il répond avec un large sourire :

– Oui, Yao, tu as bien entendu. Nous allons à la mer…

Je suis surpris ; nous avons déjà fait plus de la moitié du voyage et la mer n'est pas sur notre chemin. Cela nous ferait un gros détour.

– Tu es sûr ? dis-je avec insistance.

Il me donne une petite tape sur l'épaule et va se renseigner auprès d'un chauffeur qui lui indique le trajet en détail.

Une fois dans la voiture, je lui pose des tas de questions :

– Et ton avion ?

– Ne t'inquiète pas, Yao, je sais ce que je fais. J'ai envie de te montrer la mer, voilà tout.

– Mais… et tes rendez-vous à Paris ?

---

3 **un emballage** papier qui enveloppe qc – 3 **un siège** place assise dans la voiture – 5 **un embarquement** action de monter à bord d'un avion – 10 **les retrouvailles** *fpl* moment où l'on se retrouve après avoir été séparés – 11 **incrédule** qui ne peut pas croire ce qu'il entend – 17 **un détour** chemin plus long que le chemin direct

– Je ne veux pas penser à Paris pour le moment, s'il te plaît. Profitons du présent, après ce sera trop tard. Je ne pourrai plus rattraper les heures perdues…

– Nathan t'attend demain, il ne faut pas que…

– Ne t'en fais pas pour lui. Il est jeune, mais il comprend beaucoup de choses, tu sais. Je lui expliquerai à mon retour…

J'aimerais vraiment connaître Nathan. Il doit être gentil avec son père. Ce n'est pas comme moi qui me suis sauvé sans rien dire à personne ! Je regrette d'avoir rendu mes parents très inquiets, mais l'idée d'aller voir la mer m'excite trop pour y penser bien longtemps. Alors que le paysage défile le long de la route, j'essaie d'imaginer l'océan et toutes les créatures qui y vivent. Les requins, surtout, me font peur. J'ai déjà entendu parler de pêcheurs qui ont perdu une jambe ou un bras.

Comme je demande à Seydou si nous verrons des baleines, il éclate de rire et m'apprend qu'il n'est pas facile d'en voir, car elles préfèrent rester loin des hommes.

Et les pieuvres ? Et les poissons-scies géants ?

À chacune de mes questions, j'entends son grand rire. Seydou m'explique qu'il ne faut pas croire tout ce qui est écrit dans les livres. Nous n'allons pas nous faire kidnapper par des pieuvres monstrueuses !

Je finis par m'endormir avec le ronronnement du moteur.

Plus tard, Seydou me réveille doucement. Il s'est arrêté au bord d'un chemin étroit et sablonneux qui serpente à travers des arbres. Nous continuons à pied et en avançant le bruit des vagues devient plus fort. Et soudain, l'océan apparaît, immense.

---

9 **regretter qc** être triste pour avoir fait qc qu'on ne peut plus changer – 12 **un requin** Hai – 13 **un pêcheur** Fischer – 15 **une baleine** Wal – 18 **une pieuvre** Krake – 18 **un poisson-scie** Sägefisch – 25 **étroit, étroite** ≠ large – 25 **sablonneux, sablonneuse** → sable – 25 **serpenter** avoir beaucoup de virages

La plage est déserte. On voit seulement quelques cases de paille abandonnées sous des cocotiers. L'océan prend la couleur des reflets du soleil. Je n'ai jamais rien vu d'aussi beau.

Je respire l'air de la mer avec plaisir. Les vagues viennent se briser sur le sable puis se retirent avant de gonfler et revenir. Je suis émerveillé mais je n'ose m'approcher de l'eau. On dirait un lac qui n'a pas de fin…

Comme Seydou sent que j'ai peur, il me prend par la main et m'entraîne vers le bord de l'eau. Je m'accroche à lui car je ne sais pas nager.

Le sable s'enfonce sous mes pieds.

Seydou s'éloigne de moi et m'éclabousse en riant. Je fais un pas en arrière et tombe sur le dos… Une vague arrive et me submerge…

Seydou me relève avec force et je me retrouve tout mouillé, le goût salé de la mer dans la bouche et les yeux qui piquent.

Seydou me soulève très haut, à bout de bras. L'horizon est infini, magnifique. Je suis si heureux.

Nous faisons la course sur la plage jusqu'au moment où nous découvrons un petit village de pêcheurs où deux hommes sont en train de griller des poissons. Nous leur disons bonjour et discutons un peu. Je traduis en wolof pour Seydou et leur explique que c'est la première fois que je vois la mer. Nous nous asseyons un moment avec eux près du feu de bois.

Bientôt, le soir s'annonce. Après leur avoir acheté un poisson et du riz, nous nous séparons des deux pêcheurs et nous dirigeons vers les cases abandonnées où nous allons passer la nuit. Quelques

---

1 **désert, déserte** vide – 2 **un cocotier** Kokosnussbaum – 4 **respirer qc** (ein-)atmen – 4 **se briser** sich brechen – 5 **gonfler** devenir plus gros – 6 **émerveillé, émerveillée** fasciné – 9 **s'accrocher à qn** ne pas lâcher qn – 11 **s'enfoncer** *ici :* nachgeben, sich eindrücken – 12 **éclabousser qn** jeter de l'eau vers qn – 13 **submerger qn** faire disparaître qn dans l'eau – 14 **mouillé, mouillée** ≠ sec – 15 **salé, salée** salzig – 15 **une bouche** Mund – 16 **soulever qn à bout de bras** lever qn haut dans l'air – 25 **le riz** Reis

branches de palmes nous servent de lit. Nous sommes côte à côte sous le ciel plein d'étoiles scintillantes.

Seydou m'apprend qu'à l'œil nu, on peut voir jusqu'à trois mille étoiles – si le ciel est clair, comme sur cette plage.

– Sais-tu que le soleil est une étoile ? me demande-t-il.

Je lui avoue que non ; tout ce que je sais, c'est que la terre tourne autour. Et je croyais qu'il était unique.

Je regarde encore les étoiles qui scintillent au-dessus de nous. Je ne sais pas pourquoi mais, soudain, je pense à maman, là-bas, à Kanel. J'espère que je ne lui ai pas fait trop de peine en me sauvant comme ça. Elle m'a toujours pardonné tous mes caprices ; cette fois-ci, j'ai peur que cela ne lui attire des ennuis avec papa. Ce soir, elle me manque beaucoup.

Seydou met son bras autour de mes épaules en chuchotant :

– Ferme les yeux, Yao. Écoute, c'est l'océan qui respire. Comme toi. Vas-y, montre-moi comment tu respires… Voilà… Je surveille, sois tranquille, dors…

L'aube nous trouve sur la plage. Le ciel a pris une couleur orange, le souffle léger de la mer caresse notre peau. Seydou dort encore et je savoure, immobile, ce moment précieux.

Soudain, l'air se remplit d'un bourdonnement qui ressemble à celui d'un essaim d'abeilles. C'est le bruit des moteurs des pirogues qui reviennent de leur pêche nocturne. Seydou se réveille et s'assied à côté de moi pour regarder les femmes se précipiter dans l'eau à la rencontre des pêcheurs.

Ensemble, femmes et hommes tirent les filets en chantant pour se donner de la force. Leurs voix se répondent joyeusement Tous

---

2 **scintiller** briller – 3 **à l'œil nu** sans utiliser un téléscope – 8 **au-dessus** über – 10 **faire de la peine à qn** faire qc qui rend qn très triste – 11 **un caprice** idée un peu folle – 19 **un souffle** mouvement de l'air – 19 **léger, légère** ≠ fort – 20 **savourer qc** *fig* etw. genießen – 22 **un essaim d'abeilles** Bienenschwarm – 22 **une pirogue** long bateau étroit que les pêcheurs utilisent – 23 **nocturne** qui a lieu la nuit – 26 **un filet** (Fischer-)Netz

ensemble répètent le même mot au moment de l'effort. Je traduis pour Seydou :

– « Ti-rez ! Ti-rez ! ».

Puis je me mets à chanter en français :

Ti-rez le filet !
Les poissons sont dans l'océan
Ti-rez le filet !
Ils se cachent au fond de l'eau
Ti-rez le filet !
Les vagues sont hautes
Ti-rez le filet !
L'écume est blanche
Ti-rez le filet !
Le soleil brille
Ti-rez le filet !
La pêche est abondante
Ti-rez le filet !
Les poissons sont beaux

Lorsque nous apercevons nos deux amis d'hier soir, nous décidons d'aller les aider. Seydou empoigne une corde et je l'imite ; nous tirons tous dans le même sens en chantant à l'unisson. Ensuite, les femmes mettent les poissons dans de grandes cuvettes. Elles se rendront au marché sans perdre du temps pour éviter qu'ils ne s'abîment au soleil.

Après l'effort, les hommes doivent ranger leurs filets. Cela prend du temps et ils se retirent sous les arbres pour avoir un peu

12 l'écume *f* ce qui se forme en haut des vagues – 16 abondant, abondante ce qui existe en grande quantité – 21 le sens direction – 21 à l'unisson im Gleichklang – 22 une cuvette Schüssel – 24 s'abîmer *ici :* ne pas rester frais de façon qu'on ne peut plus les manger

d'ombre. Nous buvons avec eux du lait de coco. Après avoir fait nos adieux, nous retrouvons la vieille Peugeot qui nous attend au bout du chemin. La route est caillouteuse, mais nous roulons gaiement en reprenant la chanson des pêcheurs et en y ajoutant nos propres paroles. Si Gloria était restée, elle aurait pu nous apprendre à chanter, mais ça fait rien, on s'amuse comme des fous.

– Ti-rez ! Y a de la poussière partout.

– Ti-rez ! Y a plein de cailloux sous les roues.

– Ti-rez ! Y a plus de Gazelle Ananas.

– Ti-rez ! Y a un petit gars qui fait le zazou.

– Ti-rez ! Y a un gars qui a perdu sa jolie chanteuse.

Seydou se penche vers moi en faisant mine de me réprimander :

– Ça va pas, non ?! Tu parles de qui, là ?

L'air s'engouffre dans la voiture. Nous rigolons beaucoup.

– Il faut que tu saches que c'est grâce à Gloria si je suis revenu te chercher dans le bus, me révèle Seydou sur un ton à présent très sérieux.

– Ah oui, et pourquoi ?

– Eh bien, elle m'a appelé au moment où je prenais la route pour Dakar. Nous avons parlé un peu et avant de me dire au revoir, elle m'a félicité parce qu'elle trouvait ça génial que je t'accompagne jusqu'à Kanel. Ça m'a vraiment fait réfléchir et j'ai compris que je ferais une grave erreur si je ne tenais pas ma promesse.

Si je pouvais m'enfoncer sous la terre, je le ferais. Moi, devoir tout ça à la gentillesse de Gloria !?! Je regrette tout le mal que j'ai pu penser d'elle. Un jour j'irai à sa recherche pour m'excuser.

---

3 caillouteux, caillouteuse → un caillou (= petite pierre) – 10 un gars *fam* garçon, homme – 10 faire le zazou *fam* se comporter comme un jeune excentrique – 12 réprimander qn gronder qn ; rabrouer qn – 16 révéler qc faire savoir qc – 23 tenir une promesse faire ce qu'on avait dit vouloir faire

Je suis vraiment content d'avoir découvert la mer. Je m'imagine sur un grand bateau qui vogue sur la mer pendant des jours et des jours. Cela doit être une sensation extraordinaire ! J'en parle à Seydou qui me raconte qu'il a déjà fait une croisière et que c'était en effet formidable. L'eau tout autour et plus aucune terre à l'horizon… Mais il a eu le mal de mer et a été obligé de rester pendant deux jours dans sa cabine. Son meilleur souvenir est celui de la nuit, quand l'océan ressemblait à une immense tache d'encre. Il n'a pas eu peur, mais il s'est senti soudain tout petit, juste un élément de la nature, rien de plus.

Je lui dis qu'être un pêcheur qui se bat contre les vagues et le vent doit demander beaucoup de courage.

– Pourtant, me répond-il, ces hommes sont pauvres et doivent sans arrêt réparer leurs filets. Il y a de moins en moins de poissons près des côtes. Les pirogues doivent aller en haute mer pour trouver du poisson parce que les grands chalutiers ramassent tout sur leur passage. Certains ont des filets industriels en fer qui descendent tout au fond pour capturer le plus de poissons possible, petits et gros, mangeables ou non. Ils détruisent les coraux.

Je ne comprends pas comment une telle chose est possible. Je pense à la beauté de la mer et je me dis que j'aimerais tout faire, un jour, pour la protéger. Je viens à peine de la découvrir que j'apprends qu'elle est en danger.

Pendant que Seydou conduit en écoutant la radio, j'ouvre mon cahier et écris un poème à la mer :

---

2 voguer avancer sur la mer – 3 une sensation → sentir – 4 une croisière voyage touristique en bateau – 6 avoir le mal de la mer seekrank sein – 8 une tache d'encre Tintenfleck – 14 de moins en moins immer weniger – 16 un chalutier bateau de pêche qui tire de très grands filets derrière – 17 le fer Eisen – 18 capturer qc attraper qc – 19 détruire qc casser qc – 19 un corail, les coraux Koralle

La mer est belle,
La mer est claire
Le soleil se regarde dans l'eau
Comme dans un miroir
Il cligne des yeux
Scintille de tous ses feux
Et quand la nuit se couche
Sur la ligne d'horizon
Les étoiles dans le ciel
Sont des cœurs qui battent tous ensemble
L'aube blanche
Recouvre les pirogues sur le sable
Les pêcheurs se souviennent encore
D'avoir bravé les vagues
D'avoir rencontré des bancs de poissons
Ils se souviennent encore de la joie sur la plage.
Pêcheurs ô pêcheurs
Vous êtes des hommes
Libres

---

5 **cligner des yeux** blinzeln – 14 **braver qc** se battre sans peur contre qc

15 L'arbre sans ombre

Je suis en train de relire mon poème quand, brusquement, la voiture a un hoquet, puis un deuxième. Et s'arrête.

Nous nous dévisageons, interloqués. Je demande si c'est l'essence ; Seydou fait non de la tête et me montre la pédale de l'embrayage complètement enfoncée. Il appuie du pied gauche mais rien ne se passe. Le câble a lâché ; impossible de repartir. Pourtant, nous roulions bien et avions presque rattrapé notre retard. À présent, nous voilà coincés dans un endroit totalement désertique. Aucune ville à l'horizon, pas même un village perdu dans la nature.

Le soleil est au zénith et il fait une chaleur insupportable. Nous sommes obligés de sortir pour trouver refuge sous un maigre acacia dont les branches ne font presque pas d'ombre.

Le dos contre le petit arbre, Seydou allonge ses jambes et ferme les yeux. Il respire doucement pour ne pas perdre trop d'énergie. Je l'imite aussi bien que possible et je ferme les yeux à mon tour. Son calme me rassure. Je trouve qu'il a changé depuis notre départ. Il ne s'est même pas énervé. Son visage est resté serein malgré cette situation difficile.

Pourtant, le temps passe et l'attente est interminable. Par moments, j'ouvre un œil pour surveiller la route. Est-ce une voiture qui arrive de loin ? Non. Ce n'est rien. La chaleur me joue des tours…

Je me demande si Seydou s'est endormi tellement il est immobile. Combien de temps allons-nous rester ainsi ? Et si personne ne vient ? La fraîcheur et la joie de la mer ne sont plus qu'un vague souvenir.

---

2 **un hoquet** Schluckauf; *ici :* Stottern – 5 **un embrayage** Kupplung – 6 **lâcher** *ici :* reißen – 11 **insupportable** unerträglich – 12 **maigre** ≠ gros – 18 **serein, sereine** calme – 23 **jouer des tours** *ici :* faire voir qc qui n'existe pas – 26 **une fraîcheur** → frais

Tout à coup, j'entends un son inattendu. Sur le goudron, des bruits de sabots résonnent : *ca-ta-clop, ca-ta-clop*. J'ouvre les yeux et aperçois, plein d'espoir, une charrette qui est tirée par un cheval et avance lentement dans notre direction. Un vieux monsieur aux habits usés la conduit. Seydou se lève et lui demande de s'arrêter.

Le vieil homme semble enchanté de rencontrer un Toucouleur. Son chargement, ce sont des cartons d'emballage de toutes sortes : Adidas, Macintosh, IBM, Samsung… Seydou lui demande, pour rigoler, s'il y a un centre commercial, dans le coin. Heureusement, le vieux ne comprend pas sa blague et continue à lui parler gentiment en pular. J'explique à Seydou qu'il va vendre les cartons au marché. C'est très utile, chez nous, les boîtes en carton ; les gens les utilisent pour ranger leurs affaires.

Le vieux monsieur parle très vite et j'ai parfois du mal à le suivre. À un moment donné, le nom Thialaga est prononcé.

– Il a dit quoi ? s'exclame Seydou. J'ai bien entendu Thialaga ?

Je lui réponds que oui. Dès que ses cartons seront déchargés, le marchand rejoindra sa famille pour assister au baptême du fils de son cousin à Thialaga. Seydou enregistre la nouvelle sans essayer d'en savoir plus. Je vois bien, pourtant, qu'il se demande s'il s'agit du village de son grand-père. Je croyais qu'il avait changé mais finalement, pas tellement. Je veux dire que moi, si j'étais à sa place, je n'hésiterais pas une minute : j'irais tout de suite dans le village de mon grand-père. Cela me gênerait beaucoup de ne pas savoir d'où je viens.

Finalement, le vieux marchand accepte de nous conduire chez un mécanicien et nous fait une petite place sur sa charrette. Le

---

1 **le goudron** Teer – 2 **un sabot** Huf – 3 **une charrette** véhicule à deux roues – 6 **enchanté, enchantée** enthousiasmé – 7 **un chargement** ce que l'on transporte – 9 **un centre commercial** endroit où il y a beaucoup de magasins – 12 **être utile** servir à qc – 15 **à un moment donné** irgendwann – 19 **enregistrer qc** etw. zur Kenntnis nehmen – 19 **une nouvelle** information

cheval, qui n'est pas bien gros, peine sous notre poids, mais, après une quinzaine de kilomètres, nous arrivons dans un village où un grand nombre d'enfants nous accueille en riant.

Nous voici dans une cour où il y a des tas de pièces détachées, de pneus, de moteurs démontés et aussi de bidons de toutes les tailles. Deux adolescents travaillent sur une carcasse de voiture. Le propriétaire des lieux, sans doute le seul mécanicien à des dizaines de kilomètres à la ronde, remercie le vieux monsieur de nous avoir amenés chez lui. Puis il prend Seydou par l'épaule et le rassure :

– Ne vous inquiétez pas, mon ami, tout va s'arranger. L'embrayage, c'est toujours embêtant. Mais avec moi, Ibra, il n'y a pas de problème. Je m'occupe de tout…

Seydou me jette un coup d'œil interrogateur. Je réponds par un signe de la tête pour l'encourager à accepter l'aide du mécanicien. Ibra, qui veut faire croire qu'il n'a pas remarqué ses doutes, ajoute, avec enthousiasme :

– Quelqu'un va tirer la voiture jusqu'ici. On a l'habitude de se débrouiller comme on peut, ici, et il y a toujours une solution. En attendant qu'elle soit réparée, je serais honoré de partager avec vous mon repas et mon toit.

– Merci, vraiment, dit Seydou avec gratitude. Vous parlez un très bon français.

– Vous voulez dire *pour un villageois*, c'est ça ? répond vivement le mécanicien. Sachez, monsieur, que ce pays réserve bien des surprises. Moi, par exemple, je suis docteur en histoire. J'ai écrit

1 **peiner sous qc** avoir de la difficulté à cause de qc – 4 **une pièce détachée** pièce qui sert à réparer qc – 5 **démonté, démontée** dont toutes les pièces ont été séparées – 6 **une carcasse** Gerippe – 8 **à la ronde** im Umkreis – 14 **interrogateur, interrogatrice** → interroger (p. 30) – 20 **je serais honoré** es wäre mir eine Ehre – 20 **partager qc** donner une partie de ce qu'on a à qn d'autre – 21 **un toit** *ici : fig* maison – 22 **une gratitude** sentiment qui vous fait dire merci – 25 **sachez** → savoir (*impératif*)

une thèse sur Winston Churchill à l'université de Dakar. Mais voilà, personne, là-bas, n'avait besoin de mes connaissances. Alors, je suis revenu au village. J'achète de vieux ordinateurs et les revends dans la région, et mon commerce de pièces détachées automobiles fait rouler les voitures les plus anciennes. Je suis toujours à la recherche d'autres opportunités.

Il monte les marches qui mènent à sa petite maison et nous le suivons jusqu'à une terrasse aérée. Des chaises et une table recouverte d'une nappe en plastique à motifs colorés sont installées non loin de la porte d'entrée. Quelques plantes vertes dans des pots décorés à la main marquent les quatre coins. Ibra appelle d'une voix forte :

– Tanam ! Tanam !

Une vieille dame très âgée, quatre-vingts ans ou plus, apparaît sur le pas de la porte, toute ridée, le dos voûté mais souriante. C'est sa mère à qui il nous présente. Elle est heureuse de savoir que nous restons pour la nuit et que nous allons partager leur repas. Puis elle disparaît à l'intérieur de la maison. Seydou se tourne alors vers moi en chuchotant :

– S'ils font à manger, on ne peut pas partir. Ça ne se fait pas !

Du haut de la terrasse, nous découvrons un bras du fleuve Sénégal.

Tanam réapparaît avec un plateau chargé d'une théière et de petits verres . Nous nous asseyons en rond sur un tapis avec des coussins en attendant la cérémonie du thé qui est organisée en notre honneur. Au Sénégal, boire du thé ensemble est une marque d'hospitalité.

---

1 **une thèse** Dissertation/Doktorarbeit – 1 **Winston Churchill** *homme politique britannique qui a joué un rôle important au 20e siècle pendant la Deuxième guerre mondiale* – 8 **aéré, aérée** où il y a un air agréable – 15 **ridé, ridée** faltig – 15 **voûté, voûtée** ≠ droit – 23 **une théière** pot pour la préparation du thé – 27 **une marque d'hospitalité** geste qui exprime qu'on accueille qn avec plaisir

La femme d'Ibra nous rejoint. Elle porte un boubou et un foulard assorti. Elle a le visage rond et des yeux pétillants. Après les présentations, elle nous demande si nous aimons le piment et Seydou lui répond :

– Pas trop, mais faites comme vous avez l'habitude…

Elle repart et, quelques minutes après, ses deux filles, Awa, la plus âgée, et sa petite sœur, Nafissatou, viennent nous saluer timidement.

Bientôt, nous voyons notre Peugeot entrer dans la cour, tirée par une fourgonnette en si mauvais état qu'on a l'impression qu'elle pourrait s'effondrer d'un moment à l'autre. Sur la carrosserie on peut lire, en lettres majuscules : *IBRA DÉPANNAGE*. Aux ordres de leur chef, les deux adolescents se mettent immédiatement au travail.

Tanam, qui dévisage Seydou depuis un moment, lui demande à brûle-pourpoint:

– Toi, j'ai l'impression de t'avoir déjà vu. D'où viens-tu ?

– J'habite à Paris, réplique Seydou, légèrement contrarié d'être pris pour quelqu'un d'autre.

– Tu es sûr que tu n'es jamais venu par ici ?

– Allons, laisse-le tranquille, intervient gentiment Ibra. Qu'est-ce qu'il serait venu faire ici ?

La vieille dame se tait mais ne quitte pas Seydou des yeux. Il a l'air vraiment gêné, maintenant.

Ibra retire le thé du feu et le sert dans les verres en élevant la théière du bas vers le haut, sans en renverser une goutte.

Nous buvons à petites gorgées en admirant le paysage. Dans la lumière du soir, le fleuve est large et puissant. Des pirogues

9

---

2 **pétillant, pétillante** qui brille – 3 **un piment** Chili – 10 **une fourgonnette** petit véhicule qui sert à transporter des choses – 11 **s'effondrer** zusammenbrechen – 12 **un dépannage** réparation de qc qui est en panne – 16 **à brûle-pourpoint** brusquement – 26 **renverser qc** etw. verschütten – 27 **une gorgée** Schluck – 28 **puissant, puissante** qui a beaucoup de force

chargées de marchandises diverses, de poulets et de moutons quittent la rive et disparaissent dans l'or du soir. Je me suis rarement senti aussi bien et je sens que Seydou, lui aussi, sait profiter pleinement de cet endroit magique.

Soudain, pourtant, il sort de sa rêverie.

– Vous connaissez une ville, ou plutôt un village… qui s'appelle Thialaga ? demande-t-il à Ibra.

– Thialaga ? Oui, c'est un peu plus loin, au bord du fleuve. Pourquoi ?

– Mon grand-père est enterré là-bas. Enfin… je crois que c'est ce que mes parents m'ont dit. Mon père a fait le voyage avec mon frère plus âgé pour les funérailles. Il n'y est jamais retourné après. Et comme il n'en parlait pas beaucoup, je ne sais pas grand-chose de plus.

– Il s'appelait comment, ton grand-père ?

– Djibril Tamsir Tall. C'était un riche marchand de noix de cola. Il est mort l'année de ma naissance. Je ne l'ai jamais connu.

Très intéressée par ces révélations, Tanam demande à Seydou s'il pense que son grand-père, lui, ne le connaît pas ; mais il ne comprend pas ce qu'elle veut dire. Elle lui révèle alors que, selon les croyances traditionnelles, depuis l'au-delà, les morts continuent à s'occuper de ceux qu'ils aiment et qui sont restés sur terre. Que même s'il ne le voit pas, son grand-père est avec lui. Qu'il peut l'aider dans les moments difficiles ; qu'il peut aussi se mettre en colère et lui attirer beaucoup d'ennuis s'il n'est pas content. En fait, résume-t-elle, les ancêtres décident de tout.

Sans être tout à fait convaincu, Seydou est intrigué par les paroles de la vieille dame. Il veut savoir si son grand-père est en colère en ce moment.

---

2 **une rive** bord d'un fleuve – 10 **enterrer qn** mettre un mort en terre – 12 **les funérailles** *fpl* Bestattung – 16 **une noix de cola** *besonders in Westafrika vorkommende koffeinhaltige Nuss, die gekaut und nach einiger Zeit ausgespuckt wird* – 21 **l'au-delà** monde où l'on se trouve après la mort

– Je ne sais pas, il faut lui demander, répond Tanam d'un air mystérieux.

Seydou ne comprend toujours pas ; il ne sait pas comment il pourrait parler à quelqu'un qui n'est plus en vie. Tanam soupire profondément et lui explique que s'il arrête le bruit qui est dans sa tête pour écouter son cœur, il saura comment parler à son grand-père. Elle s'adresse à lui comme à un élève qui n'arrive pas à suivre sa leçon.

– Ta voiture est en panne, n'est-ce pas ?

– Oui, le câble d'embrayage a lâché. On aurait pu avoir un accident…

– Tu penses que le câble a cassé parce que ta voiture était vieille ?

– Absolument, il n'y a pas d'autre raison. Ibra va le réparer et on pourra repartir.

– Tu parles comme un ignorant ! lance la grand-mère. Ta pensée brille par sa naïveté…

– Cette conversation a assez duré, mère, intervient Ibra qui s'inquiète pour son hôte dont le visage se durcit.

En réalité, Seydou me paraît déjà très blessé par l'attitude de Tanam. Elle exagère un peu avec toutes ses questions compliquées. Et je la trouve trop autoritaire.

Pourtant, Seydou paraît intrigué par cette vieille dame. Il a sans doute compris qu'au fond, elle cherche seulement à lui montrer une autre réalité. Il demande à en savoir plus :

– Non, non, cette conversation m'intéresse. Pourquoi dis-tu ça, Tanam ?

– Pose-toi la question : comment se fait-il que ta voiture soit tombée en panne aujourd'hui et pas un autre jour ? À cet endroit précis et pas à un autre ? Moi, je vais te le dire. Le hasard n'existe

---

18 **se durcir** devenir dur

pas. Le hasard, c'est Dieu qui se promène parmi nous. Ton destin était de venir ici pour que tu comprennes que ton village n'est pas loin – et qu'il ne sera plus jamais loin pour toi.

Seydou est troublé par ces paroles. Savoir est une chose, sentir en est une autre ; il vaut mieux être capable des deux. Moi, je sais qu'elle a raison, et que tout n'est pas visible à l'œil nu. Parfois, un esprit libre doit s'ouvrir à plus de sensibilité. J'ai l'impression que Seydou est en train de comprendre. Il comprend que le goût du thé, la nuit qui tombe, les étoiles dans le ciel immense, sa vie à Paris, sa famille et ses amours, sont une seule et même chose : sa vie. Tout cela fait partie de lui. Et le fleuve Sénégal qui coule tranquillement juste à côté coule aussi dans son sang.

Les filles d'Ibra apportent le dîner : un large plat en émail rempli de mil et de viande en sauce. Elles ont aussi amené une cuvette d'eau fraîche et une savonnette pour se laver les mains. Après avoir lavé les siennes, Tanam met la main droite dans la nourriture, divise les morceaux de viande et dépose une part égale devant chaque personne. Nous mangeons avec appétit tout en faisant attention à ne pas en prendre plus que les autres. C'est délicieux.

Après le repas, j'accompagne la grand-mère dans la maison où ses petites-filles sont occupées à faire leurs devoirs devant la télévision allumée. Je pense soudain avec angoisse à mon école et à tous les cours que j'ai manqués depuis que je suis sur la route. En me voyant arriver avec sa grand-mère, Awa me sourit. Nous échangeons quelques mots sur nos matières préférées. Comme moi, elle adore la récitation. J'ai envie de leur lire mon poème sur la mer, mais je ne veux pas les déranger. Il se fait tard.

---

1 **un destin** évènements qui se passent dans notre vie sans qu'on les ait décidés – 7 **un esprit libre** freier, offener Geist – 12 **le sang** Blut – 15 **une savonette** petit morceau d'un produit qui sert à se laver – 17 **une part** portion – 17 **égal, égale** identique – 22 **une angoisse** grande peur

Ibra nous apporte des nattes et je m'allonge pour la nuit tandis que Seydou reste assis, l'air pensif. J'ai l'impression qu'il a vraiment découvert notre pays, maintenant, et qu'il a appris à l'apprécier. Je suis sûr qu'il y reviendra, un jour, avec son fils. Il fait frais et j'ai l'impression que le ciel nous protège. Les constellations se dessinent avec une clarté extraordinaire. Comme sur la plage, c'est un spectacle magique.

---

1 une natte (Stroh-)Matte – 5 une constellation groupe d'étoiles qui forment un dessin particulier dans le ciel

16 L'appel du fleuve

Nous nous réveillons à l'aube. Après avoir bu du thé accompagné d'un morceau de pain, je ramasse mes affaires et rejoins Seydou dans la cour où Ibra a fait démarrer la Peugeot. Tout paraît en ordre, l'embrayage fonctionne bien. Il refuse l'argent que Seydou lui tend.

Tanam est là aussi ; elle sort de sa poche un objet qu'elle remet à Seydou en murmurant :

– Prends cette statuette et garde-la toujours avec toi, elle te portera chance.

C'est une figurine sculptée dans du bois dur qui représente un homme victorieux, qui lève les bras vers le ciel. Dans la première lumière du jour, elle est d'une grande beauté.

Seydou est profondément touché par ce cadeau. Il étreint la vieille femme en la remerciant.

Puis nous nous disons adieu et sommes désolés de nous quitter si vite.

Nous rejoignons bientôt la grand-route. Je propose alors à Seydou :

– Et si nous allions à Thialaga, le village de ta famille ?

– J'ai l'impression que tu n'es pas pressé de rentrer, toi !

– Non, ce n'est pas ça. Je sais juste que tu as envie d'y aller et cela ne me gêne pas, on ira à Kanel après.

– Je reviendrai avec Nathan, me répond-il, un doux sourire sur les lèvres. Et nous irons ensemble à Thialaga. Mais avant, on passera te prendre à Kanel, si tu veux bien. Mon fils sera très content d'avoir déjà un ami au Sénégal.

---

10 **une figurine** très petite statuette – 13 **être touché, touchée par qc** être ému par qc – 13 **étreindre qn** prendre qn dans ses bras – 24 **une lèvre** Lippe

Je suis fou de joie. Tout à coup, rentrer à la maison ne me fait plus aussi peur. Je vais reprendre ma vie habituelle, mais ce ne sera plus jamais comme avant car j'aurai de beaux souvenirs plein la tête. Pendant ces quelques jours en compagnie de Seydou, il s'est passé plus de choses que pendant des mois ou même des années à Kanel. Quel cadeau vais-je bien pouvoir lui offrir pour le remercier d'avoir été si gentil avec moi ? Je fouille machinalement dans mon sac et ma main tombe sur mon cahier. Bien sûr ! Je le sors discrètement pendant que Seydou a les yeux sur la route. Les pages sont couvertes de notes que j'ai prises pendant notre voyage et de dessins. Il y a un croquis de la grande baignoire de l'hôtel à Dakar, ceux du baobab que nous avons vu sur la route, de la pirogue et des pêcheurs, de la Peugeot, bien sûr, et de plein d'autres choses. Quand il sera rentré à Paris, Seydou utilisera mon cahier pour raconter son voyage à Nathan. Ce sera le lien entre nous. Le cadeau idéal !

Je l'observe pendant qu'il conduit. Aujourd'hui, pour moi, il est beaucoup plus qu'un acteur célèbre. Il est tonton Seydou, celui que j'ai appris à connaître et à aimer pendant toutes nos aventures. Celui qui a été si généreux avec moi que je ne l'oublierai jamais.

---

2 **habituel, habituelle** → habitude – 7 **machinalement** *adv* automatiquement – 11 **un croquis** un dessin rapide – 20 **généreux, généreuse** qui donne beaucoup

17 L'arbre au tronc peint en bleu

Le paysage est de plus en plus familier. Je reconnais les alentours de Kanel : les arbres au feuillage épineux, le sol gris et les petites maisons aux murs en terre rouge. Notre vieille Peugeot déglinguée entre dans le village à l'heure où la chaleur est la plus forte. Les rues sont vides. Je guide Seydou jusqu'à mon quartier. Je suis déjà tout excité à l'idée de lui montrer où j'habite. Il gare la voiture sous l'arbre au tronc peint en bleu ; je l'entraîne vers notre maison et lui montre l'enseigne de mon père : *SAMBACOUTUR. La révélation des Dames.*

Sur la porte fermée est suspendue une petite pancarte : *En livraison.* Ouf, mon père est sorti ! Et à cette heure-là, ma mère doit être au marché. Elle passera sans doute chercher ma petite sœur à l'école avant de rentrer. J'ai peur de la réaction de mes parents, surtout celle de mon père. Ce serait embarrassant s'il se mettait en colère devant Seydou.

En faisant attention, je pousse la porte d'entrée. Chez nous, on ne ferme jamais à clé ; ici, tout le monde se connaît. À l'intérieur, tout est exactement comme avant mon départ, rien n'a changé. J'emmène Seydou dans mon coin de la maison où je retrouve ma petite table, la caisse transformée en bibliothèque avec mes livres préférés, ma chaise, celle de ma sœur et nos deux lits.

La chambre de mes parents est de l'autre côté du corridor. Il n'y a pas vraiment de salon ; seul un rideau sépare l'atelier de couture du reste de la maison. À la fin de la journée, nous nous retrouvons en famille au milieu des machines à coudre, des montagnes de tissus et des bobines de fil multicolores.

---

2 **épineux, épineuse** *ici :* hart und rau – 3 **déglingué, déglinguée** *fam* klapprig – 8 **une enseigne** panneau – 10 **une pancarte** Schild – 20 **une bibliothèque** *ici :* meuble où l'on met des livres – 23 **un rideau** morceau de tissu qui est suspendu

Seydou est touché de découvrir ma maison qui lui rappelle l'appartement de sa famille, à Trappes, où son père avait également installé son atelier de tailleur.

Tout à coup, la porte de l'atelier s'ouvre et le mien apparaît. Instinctivement, je recule dans un coin.

– Yao, te voilà enfin ! crie-t-il en m'empoignant.

Puis, sans un autre mot, il me balance une grosse gifle.

Je mets la main sur ma joue brûlante, les larmes aux yeux. Seydou, qui était derrière moi, caché par le rideau, sort de l'ombre et dit :

– S'il vous plaît, monsieur, n'en voulez pas trop à Yao. Il a fait une grosse bêtise mais je suis aussi responsable.

Après un moment d'étonnement, mon père se tourne vers mon ami, se calme et lui sourit. Les deux hommes se serrent la main. Je me laisse tomber contre la poitrine de papa qui m'étreint longuement.

Bientôt, la cour de la maison est en ébullition. Maman est rentrée avec ma petite sœur et c'est la fête tellement elles sont contentes de me revoir. Je sais que je ne pourrai pas éviter des reproches plus tard, mais, pour le moment, toutes les attentions sont tournées vers notre célèbre visiteur. Déjà, le bruit court que Seydou Tall, le grand acteur, est à Kanel dans la maison de Samba, le meilleur couturier du village. En moins d'une heure, les gens sont venus en foule ; tout le monde veut le voir. Les amies de maman arrivent pour l'aider. Les voisins apportent chacun quelque chose : un plat de beignets, des fruits, des boissons… Les hommes décident que pour célébrer la venue de Seydou Tall, il faut préparer un mouton à la braise.

---

7 balancer une gifle à qn *fam* jdm eine Ohrfeige verpassen; jdm eine knallen – 8 brûlant, brûlante très chaud – 17 en ébullition *f* in Aufruhr – 21 un bruit *ici :* nouvelle – 27 une venue → venir – 28 à la braise auf Holzkohle gegrillt

La bonne humeur règne dans le quartier. Les jeunes filles observent le nouvel arrivant en secret tout en parlant en wolof :

– Tu es sûre qu'il est si célèbre que ça ? demande l'une d'entre elles.

– Il est tellement célèbre qu'on ne devrait même pas avoir le droit de lui serrer la main ! lance sa voisine.

– Tu as vu comme il est beau ? s'exclame une troisième en jetant des coups d'œil langoureux en direction de Seydou.

Les conversations sont très animées. Une femme aimerait savoir si Seydou est marié.

– Sûrement, lui répond son amie qui pense qu'un homme comme lui ne peut pas rester célibataire longtemps.

– Alors je lui demanderai de me prendre comme deuxième épouse ! réplique la plus joyeuse d'entre elles.

Demba et Oumy, qui viennent d'arriver, ouvrent très grand les yeux devant leur vedette qui boit quelque chose avec mon père sur la terrasse de la maison.

Le vendeur de cassettes arrive avec son appareil et installe ses haut-parleurs sur la terrasse. Il s'improvise DJ pour la fête.

Ensuite, le chef de quartier arrive en grande pompe, accompagné de ses deux assistants. Avec beaucoup de cérémonie et après un discours sur la fierté qu'éprouvent les habitants de Kanel à accueillir un grand acteur, il remet un cadeau à Seydou qui, surpris, ouvre le paquet avec beaucoup d'émotion. C'est un boubou en basin bleu magnifiquement brodé. S'il pouvait rougir, notre grand invité aurait la couleur d'une tomate. Il semble soudain timide et ne bouge pas pendant plusieurs minutes sans savoir quoi dire. Il est tellement ému. Pourtant, il arrive à balbutier quelques

---

8 **langoureux, langoureuse** rêveur – 12 **célibataire** qui n'est pas marié(e) – 20 **un chef de quartier** homme politique au niveau régional – 20 **une pompe** Prunk, Pomp – 22 **éprouver qc** sentir qc – 25 **le basin** *wertvoller afrikanischer Stoff mit Spitze besetzt, besonders für Hochzeits- und Partykleider und für Gewänder hochrangiger Politiker* – 25 **brodé, brodée** bestickt

mots pour dire merci en serrant chaleureusement la main du chef. Puis il met le boubou et se tourne vers l'assistance qui applaudit et lance des youyous d'approbation. C'est le signal qu'attendaient les gens pour venir le saluer, l'un après l'autre.

Seydou murmure des mots gentils à chacun et descend se mêler à la foule. Je vois qu'il est à l'aise, content d'être parmi nous. Il rit beaucoup, touche les gens, prend plaisir à répondre à leurs questions. Il se comporte comme quelqu'un qui se sent chez lui, parmi ses amis.

Je l'entraîne vers mes camarades qui dansent et font les fous un peu plus loin. Je lui présente Demba.

– Ah, c'est toi, le meilleur ami de Yao pour qui j'ai signé le livre ! s'exclame Seydou. Je suis très content de faire ta connaissance…

Je m'attendais aux questions que mon copain voulait lui poser sur le métier d'acteur, mais il est trop impressionné pour prononcer un seul mot. Oumy en profite pour approcher. Elle porte le joli foulard rose que j'ai choisi pour elle. Seydou la complimente sur son élégance et elle lui répond par un grand sourire.

Enfin, la nourriture arrive et les plats sont placés sur des tables recouvertes de belles nappes. Chacun se sert et mange à sa faim. Je profite de ce moment pour aller dans ma chambre. Penché sur ma petite table de travail, j'écris les derniers mots dans mon cahier. Puis je le referme avant de le mettre dans une vieille enveloppe. Sur cette enveloppe je colle une étiquette découpée dans une feuille de papier. Je m'applique en formant les lettres des deux prénoms et, sans perdre du temps, je retourne me joindre aux autres.

---

1 chaleureusement *adv* de tout cœur – 2 l'assistance *f* ceux qui sont présents – 3 un youyou *onomat* d'approbation *f* un cri lancé parce qu'on est très d'accord avec quelque chose – 20 manger à sa faim manger tant qu'on veut – 24 une enveloppe petite poche en papier où l'on met une lettre – 25 s'appliquer faire qc avec beaucoup d'attention

C'est déjà l'heure du départ de Seydou. Mon père, le chef de quartier et moi le raccompagnons jusqu'à la voiture. Personne n'a envie de le voir partir. Alors, les adultes s'attardent, parlent beaucoup, lui racontent des anecdotes sur le village tandis que je me serre contre lui. Cette fois-ci, je sais qu'il n'y aura pas de marche arrière. Il doit partir, c'est obligé. Sa vie est ailleurs, je ne peux pas le retenir plus longtemps. J'espère seulement qu'il est content de nous avoir connus et qu'il reviendra bientôt.

Trois personnes ont demandé à voyager dans sa voiture jusqu'à Dakar : un monsieur âgé qui doit trouver une solution pour un problème administratif, un homme qui va chercher du travail et une jeune fille qui part rejoindre son fiancé. Ils connaissent tous la route et le chef est rassuré de savoir que notre célèbre invité ne sera pas seul pendant le long trajet vers la capitale qu'il devra, cette fois-ci, faire d'une traite.

Seydou ouvre la portière de la vieille Peugeot. Les passagers sont déjà installés à l'intérieur. Juste avant qu'il se mette au volant, je lui souhaite bon voyage et lui remets l'enveloppe. J'y ai écrit : *Pour tonton Seydou et Nathan*. Il accepte mon cadeau avec joie, dépose une bise sur mon front et démarre dans un nuage de poussière.

Je reste planté là et suis le véhicule des yeux jusqu'à ce qu'il disparaisse sur la route. La gorge serrée, je me rends compte que j'avais encore tellement de choses à lui dire !

Ce soir-là, je m'endors très vite, épuisé. Cependant, je me réveille plusieurs fois, me tourne et me retourne dans mon lit. J'imagine Seydou dans l'avion qui l'emmène en France. À quoi pense-t-il, tout là-haut, dans les airs ? À Kanel ou déjà à Paris ? J'espère que son retour va se passer sans problèmes…

---

3 **s'attarder** ne pas partir tout de suite – 15 **d'une traite** sans s'arrêter – 20 **un front** partie du visage au-dessus des yeux – 21 **suivre qc des yeux** ≠ ne plus regarder qc – 21 **jusqu'à ce que** *(+ subj) conj* bis – 22 **la gorge serrée** mit zugeschnürter Kehle

Le lendemain matin, je reprends le chemin de l'école avec Demba et Oumy. Je suis accueilli en héros dans notre classe. Tous les yeux sont tournés vers moi et mes camarades m'applaudissent quand je monte sur l'estrade. Puis le silence s'installe. Le maître s'assied sur le côté et me regarde :

– Yao, nous t'écoutons, annonce-t-il.

Je ne sais pas par où commencer mon récit.

– Alors… j'ai vu la mer, dis-je d'une voix hésitante.

– Raconte, comment c'était ? demande un élève trop excité pour attendre que je rassemble mes pensées.

– C'est comme notre fleuve Sénégal… ou un très grand lac. Un lac qui n'a pas de fin et qui bout… comme si on avait allumé un grand feu dessous.

Un murmure traverse la classe ; mes camarades sont captivés. Je suis devenu un conteur ou peut-être un écrivain moderne qui dit son texte tout haut. Je continue, sûr de moi, à présent :

– Notre voiture est tombée en panne. Il faisait chaud, très chaud. On n'avait plus rien à manger, plus rien à boire. Mais tonton Seydou a gardé son calme. Il a attendu comme quelqu'un qui sait que les choses vont finir par s'arranger. Je n'avais peur de rien, j'avais confiance en lui. Nous étions assis sous un arbre dont le feuillage donnait seulement un tout petit peu d'ombre. Mais ça allait quand même… On a attendu, en laissant passer le temps, et Seydou a murmuré : « Le temps vient lentement du désert. Le désert a le souvenir des fleuves et de la terre fertile. Ce que j'ai appris sur la route, Yao, c'est que le temps n'est pas pressé. Si tu sais l'écouter, il t'offrira de nombreux cadeaux… » Alors, au loin, on a vu arriver un très vieux monsieur sur une charrette tirée par un vieux cheval. Le vieil homme nous a écoutés, nous a parlé gentiment, puis il nous a fait un peu de place sur sa charrette…

---

4 **une estrade** Podest, Podium – 10 **rassembler qc** remettre en ordre – 14 **captivé, captivée** très interessé, passionné – 25 **fertile** ≠ aride

Épilogue

Voilà comment je me suis mis à écrire. Pour pouvoir raconter l'histoire de ce voyage formidable. Aujourd'hui, j'en ai fait mon métier. Tous les jours, je m'installe à ma table de travail et je passe de longues heures à écrire. Parfois, ce sont mes souvenirs qui me servent d'inspiration ; d'autres fois, au contraire, mon imagination me dicte les phrases.

J'ai revu Seydou bien souvent, au Sénégal et en France. À ses côtés, j'ai appris à être curieux de tout ce qui nous entoure. À être alerte. À avoir envie de comprendre, d'observer et d'écouter. À ne jamais me résigner face aux obstacles de la vie et à avancer même si la pluie tombe et que le vent souffle de toutes ses forces. Le bonheur est plus simple qu'on ne le croit. Une nuit étoilée, le murmure de la mer, le goût des mangues ou la mélodie d'une chanteuse à la voix cristalline : il y a tant de beaux moments à partager, à tisser ensemble.

Nathan est devenu mon ami, mon meilleur lecteur. C'est pour lui que j'écris. Et pour vous, aussi, qui avez bien voulu tourner les pages de ce livre.

L'écriture est un voyage.

---

9 **alerte** von wachem Geist, rege – 10 **face à qc** devant qc – 14 **cristallin, cristalline** clair – 15 **tisser qc** *fig* créer

Liste des abréviations

≠	antonyme de / contraire de
→	mot de la même famille / lire aussi page…
adv	adverbe
arg	argot (~ jargon)
etw	etwas
expr	expression
f	féminin
fam	familier
fpl	féminin pluriel
jdm	jemandem
jdn	jemanden
m	masculin
mpl	masculin pluriel
qc	quelque chose
qn	quelqu'un